ORDONNANCE DU ROI,

Portant règlement pour le payement des Troupes de Sa Majesté, pendant la Campagne 1760.

Du premier Juin 1760.

A PARIS,
DE L'IMPRIMERIE ROYALE.

M. DCCLX.

TABLE

Des Articles & Titres contenus en l'Ordonnance du Roi, du premier Juin 1760, portant règlement pour le payement des Troupes de Sa Majesté, pendant la Campagne 1760.

ORDONNANCE

ORDONNANCE DU ROI,

Portant règlement pour le Payement des Troupes de Sa Majesté pendant la Campagne 1760.

Du premier Juin 1760.

DE PAR LE ROI.

A MAJESTÉ voulant régler le traitement qui sera fait à ses Troupes dans ses armées, pendant la campagne 1760, à commencer du premier Mai, Elle a ordonné & ordonne ce qui suit :

ARTICLE PREMIER.

IL sera fourni du fourrage aux troupes, lorsqu'il n'y aura point occasion de fourrager sur le pays, conformément aux états que Sa Majesté fera expédier, & ce, pour les quantités de rations attribuées à chaque grade des Officiers de ses troupes d'Infanterie françoise & étrangère, Cavalerie, Hussards & Dragons, par son ordonnance du 25 février dernier, concernant la solde des Troupes pendant l'hiver. *Fourrage.*

A

Pain de munition. Elle fera aussi expédier des états pour la fourniture du pain de munition aux Officiers d'Infanterie françoise, des troupes de Cavalerie, de la Maison de Sa Majesté, des régimens de Cavalerie, de Carabiniers, de Hussards & de Dragons, & aux Brigadiers, Sous-Brigadiers, Gardes-du-corps, Gendarmes, Chevaux-légers, Mousquetaires, Grenadiers à cheval, Sergens, Soldats, Cavaliers, Carabiniers, Hussards & Dragons, & seulement aux Sergens & Soldats des régimens étrangers, qui serviront dans les armées de Sa Majesté, à commencer des jours qu'elles se mettront en campagne en corps d'armée, jusqu'au dernier octobre prochain, sur le pied des revûes, en observant de se conformer pour les quantités attribuées à chaque grade, à ce qui est prescrit ci-après par la présente ordonnance. Sa Majesté entend à cet effet, que les revûes se fassent régulièrement tous les mois pendant la campagne, aux troupes des armées, par les Commissaires des guerres, avec les Directeurs ou Inspecteurs généraux, où il s'en trouvera.

II.

Gardes-Françoises & Gardes-Suisses. Compagnies. États-majors. Les compagnies des Gardes-Françoises & Suisses seront payées de leur solde ordinaire, sur laquelle il sera retenu deux sols pour chaque ration de pain de munition qui leur sera fournie; & les Officiers de l'État-major de chacun desdits régimens, recevront leurs appointemens suivant les états qui seront expédiés.

III.

INFANTERIE FRANÇOISE.

Chaque bataillon d'Infanterie françoise, servant en campagne, composé de dix-sept compagnies, dont une de Grenadiers de quarante-cinq hommes, & seize de Fusiliers de quarante hommes, faisant au total six cens quatre-vingt-cinq hommes, outre le pain de munition qui sera fourni aux Officiers & Soldats, sera payé pendant la campagne, sur le pied par jour, savoir:

La compagnie de Grenadiers, à raifon de cinq livres trois fols quatre deniers au Capitaine, y compris quatre livres treize fols quatre deniers de fupplément. *Compagnies de Grenadiers.*

Trente fols au Lieutenant, y compris vingt-deux fols de fupplément.

Vingt fols au Sous-lieutenant, y compris quatorze fols de fupplément.

Sept fols quatre deniers à chacun des deux Sergens, dont un fol quatre deniers de fupplément; cinq fols huit deniers à chacun des trois Caporaux, dont un fol onze deniers de fupplément; quatre fols huit deniers à chacun des trois Anfpeffades, dont un fol deux deniers de fupplément; & trois fols huit deniers à chacun des trente-fix Grenadiers & au Tambour, dont huit deniers de fupplément.

Le Capitaine, outre l'appointement ci-deffus, recevra cinq payes de gratification de fix fols huit deniers chacune, dont deux payes de fupplément, fa compagnie étant complète de quarante-cinq hommes, & rien au deffous dudit nombre. *Payes de gratification.*

Chacune des feize compagnies de Fufiliers de chaque bataillon, fera payée fur le pied par jour, favoir: *Compagnies de Fufiliers.*

Aux Capitaines des quatre premières compagnies, à raifon de quatre livres dix fols par jour, y compris quatre livres deux fols de fupplément.

Aux Capitaines des quatre compagnies qui fuivent par leur rang, à raifon de trois livres feize fols huit deniers par jour, y compris trois livres huit fols huit deniers de fupplément.

Aux Capitaines des huit dernières compagnies, à raifon de trois livres trois fols quatre deniers, y compris deux livres quinze fols quatre deniers de fupplément.

A chaque Lieutenant des feize compagnies de Fufiliers, vingt-trois fols quatre deniers, y compris dix-fept fols quatre deniers de fupplément.

Les deux Sergens, trois Caporaux, trois Anfpeffades, trente-un Fufiliers & un Tambour, qui font en chacune des feize compagnies de Fufiliers, feront payés à raifon de six sols quatre deniers par jour à chaque Sergent, dont un sol quatre deniers de supplément; quatre sols huit deniers à chaque Caporal, dont un sol cinq deniers de supplément; trois sols huit deniers à chaque Anspessade, dont huit deniers de supplément; & deux sols huit deniers à chaque Fusilier & au Tambour, dont deux deniers de supplément.

Payes de gratification.

Le Capitaine de Fusiliers, outre l'appointement ci-dessus, recevra cinq payes de gratification de cinq sols huit deniers chacune, dont deux payes de supplément, sa compagnie étant complète de quarante hommes, trois à trente-neuf, une seulement à trente-huit hommes, & rien au dessous dudit nombre de trente-huit hommes.

Soldats surnuméraires du régiment du Roi.

Les cinq hommes surnuméraires par compagnie, établis dans le régiment d'Infanterie du Roi, par ordonnance du 7 septembre 1741, & que Sa Majesté, par celles du 20 février 1749 & premier août 1755, a bien voulu continuer d'y entretenir au-delà du complet en chacune des soixante-huit compagnies dudit régiment, sans tirer à conséquence pour les autres régimens de son Infanterie françoise, recevront leur solde sur le pied par jour, de trois sols huit deniers à chaque Grenadier, y compris huit deniers de supplément; & de deux sols huit deniers à chaque Fusilier, dont deux deniers de supplément, en passant présent aux revûes des Commissaires des guerres, jusqu'audit nombre de cinq par compagnie, sans que cela produise aucune augmentation dans les hautes-payes, ni dans les payes de gratification desdites compagnies.

Capitaines en second tenant lieu de Lieutenans.

Les Capitaines en second, ci-devant en pied, qui par la réforme remplissent des places de Lieutenant dans les compagnies de Fusiliers, jusqu'à leur remplacement, seront payés en campagne, de leurs appointemens, sur le pied chacun de trente-deux sols par jour, y compris vingt-cinq sols de supplément.

Enseignes.

Les deux Enseignes qui sont en chaque bataillon pour porter les drapeaux, seront payés de seize sols par jour, y compris onze sols de supplément.

Les

État major des régimens d'Infanterie françoise.

Les Officiers de l'État-major de chaque régiment d'Infanterie françoise, avec Prevôté ou sans Prevôté, seront payés sur le pied par jour, de quatre livres trois sols quatre deniers au Colonel, y compris trois livres sept sols quatre deniers de supplément; neuf livres sept sols neuf deniers un tiers au Lieutenant-colonel, y compris quatre livres dix-sept sols quatre deniers de supplément, tant pour leurs appointemens en leurdite qualité, que pour leur tenir lieu de ceux de Capitaine, n'ayant plus de compagnie; quatre livres dix sols au Major, y compris quatre livres deux sols de supplément; trois livres trois sols quatre deniers au second Major du régiment du Roi; deux livres seize sols huit deniers à l'Aide-major, y compris deux livres dix sols huit deniers de supplément; vingt sols au Maréchal-des-logis, y compris seize sols de supplément; & dix sols à chacun des Aumônier & Chirurgien, y compris sept sols six deniers de supplément.

Colonel-lieutenant du régiment d'Infanterie du Roi.

Sa Majesté ayant réglé par son ordonnance du 20 février 1749, que la compagnie Colonelle de son régiment d'Infanterie seroit conservée, & commandée comme ci-devant par le Colonel-lieutenant, il continuera d'être payé en ladite qualité de Colonel, sur le pied réglé par l'ordonnance du 25 février dernier, de trente-trois sols quatre deniers par jour, indépendamment des appointemens qu'il recevra comme Capitaine, à raison de trois livres trois sols quatre deniers par jour; les gradations d'augmentation de traitement établies pour les compagnies de Fusiliers devant avoir lieu pour ledit régiment comme pour les autres de l'Infanterie françoise, à commencer du premier Capitaine factionnaire.

Colonel en second du régiment des Gardes de Lorraine.

Le sieur Chevalier de Beauveau, Colonel en second du régiment des Gardes de Lorraine, sera payé de ses appointemens en campagne, sur le pied de quatre livres trois sols quatre deniers, y compris trois livres sept sols quatre deniers de supplément.

Prevôté.

Les Officiers de la Prevôté des régimens où il y a Prevôté, servant dans les armées, seront payés sur le pied par jour, de dix-huit sols huit deniers au Prevôt, dont treize sols huit deniers de supplément; sept sols quatre deniers à son Lieutenant, dont quatre sols dix deniers de supplément; quatre sols quatre deniers au Greffier, dont deux sols quatre deniers de supplément; & trois sols à chacun des cinq Archers & à l'Exécuteur de Justice, dont deux sols de supplément.

Commandans & Aides-majors de bataillons.

Les Commandans des second, troisième & quatrième bataillons des régimens où il y en a ce nombre, seront payés sur le pied de cinq livres dix-huit sols dix deniers deux tiers par jour chacun, y compris quatre livres huit sols dix deniers deux tiers de supplément, ne devant point être attachés à aucune compagnie; & les Aides-majors desdits bataillons, recevront chacun deux livres seize sols huit deniers par jour, y compris deux livres dix sols huit deniers de supplément.

Sous-aides-majors dans le régiment du Roi.

Les quatre Sous-aides-majors que Sa Majesté a établis dans son régiment d'Infanterie, par ordonnance du 20 juillet 1753, continueront de recevoir les seize livres treize sols quatre deniers par mois, réglés par ladite ordonnance, indépendamment de leurs appointemens de Lieutenans.

RÉGIMENT de PIÉMONT.

Le régiment de Piémont, composé en conséquence de l'ordonnance du 28 janvier dernier, de trente-six compagnies formant quatre bataillons de neuf compagnies chacun, dont une de Grenadiers de quarante-cinq hommes, & huit de Fusilliers de quatre-vingts hommes chacune, sera payé, lorsqu'il servira en campagne, sur le pied, savoir;

Compagnies de Grenadiers.

Chacune des compagnies de Grenadiers, à raison de cinq livres trois sols quatre deniers au Capitaine, trente sols au Lieutenant, vingt sols au Sous-lieutenant, sept sols quatre deniers à chacun des deux Sergens, cinq sols huit deniers à chacun des trois Caporaux, quatre sols huit deniers à chacun des trois Anspessades, trois sols huit derniers à chacun des trente-six Grenadiers & au Tambour.

Le Capitaine recevra de plus cinq payes de gratification de six sols huit deniers chacune, sa compagnie étant complète de quarante-cinq hommes, & aucune au dessous dudit nombre.

Chacune des huit compagnies de Fusiliers de chaque bataillon, sera payée sur le pied, savoir; *Compagnies de Fusiliers.*

Aux Capitaines des quatre premières compagnies, de quatre livres dix sols à chacun.

Aux Capitaines des quatre dernières compagnies, de trois livres seize sols huit deniers à chacun.

A chacun des deux Lieutenans en chaque compagnie de Fusiliers, vingt-trois sols quatre deniers.

A l'égard des Sergens, Caporaux, Anspessades & Fusiliers, ils seront payés pour chaque compagnie sur le pied par jour, de six sols quatre deniers à chacun des quatre Sergens, quatre sols huit deniers à chacun des six Caporaux, trois sols huit deniers à chacun des six Anspessades, & deux sols huit deniers à chacun des soixante-deux Fusiliers & deux Tambours.

Le Capitaine de Fusiliers recevra de plus dix payes de gratification de cinq sols huit deniers chacune, sa compagnie étant complète de quatre-vingts hommes, six à soixante-dix-huit, deux seulement à soixante-seize, & aucune au dessous dudit nombre de soixante-seize hommes.

Les deux Enseignes par bataillon, destinés à porter les drapeaux, seront payés de leurs appointemens en campagne sur le pied de seize sols par jour chacun. *Enseignes.*

Les Officiers de l'État-major du premier bataillon dudit régiment, seront payés sur le pied par jour de quatre livres trois sols quatre deniers au Colonel; neuf livres sept sols neuf deniers un tiers au Lieutenant-colonel, dont cinq livres onze sols un denier un tiers à titre d'augmentation de traitement; lesquels Colonel & Lieutenant-colonel ne doivent point avoir de compagnie, quatre livres dix sols au Major, cinquante-six sols huit deniers à l'Aide-major; vingt sols au Maréchal-des-logis, & dix sols à chacun des Aumônier & Chirurgien.

Les Commandans & Aides-majors des second, troisième & quatrième bataillons, seront payés sur le pied par jour, de cinq livres dix-huit sols dix deniers deux tiers à chaque Commandant de bataillon, & de cinquante-six sols huit deniers à chaque Aide-major.

Appointemens conservés aux anciens Commandans de bataillon.

Les Officiers qui commandoient les bataillons qui ont été réformés par les réductions ordonnées dans l'Infanterie françoise, en 1748 & 1749, continueront de jouir en campagne des trente-six sols huit deniers par jour qui leur sont réglés pendant l'hiver, jusqu'à ce qu'ils soient remplacés; & ce indépendamment des appointemens qui leur sont ci-dessus réglés comme Capitaine d'une compagnie de Fusiliers.

Capitaines & Lieutenans en second des régimens de la Sarre & de Royal-Roussillon.

Les quatre Capitaines attachés en qualité de Capitaines en second aux quatre premières compagnies des régimens de la Sarre & de Royal-Roussillon, au moyen de l'incorporation qui a été faite des quatre compagnies des seconds bataillons de ces régimens dans les compagnies de Fusiliers des premiers bataillons, seront payés, lorsqu'ils serviront en campagne, sur le pied de vingt-cinq sols quatre deniers chacun par jour.

Et les quatre Lieutenans desdites compagnies, incorporés, attachés en qualité de Lieutenans en second, aux quatre secondes compagnies desdits premiers bataillons des régimens de la Sarre & de Royal-Roussillon, sur le pied de vingt-trois sols quatre deniers chacun par jour.

Officiers réformés à la suite des régimens.

Les Officiers réformés à la suite des régimens d'Infanterie françoise, y seront payés, lorsque les régimens servent en campagne, sur le même pied des appointemens qui leur ont été réglés par mois d'hiver, à la déduction seulement de vingt-cinq livres par mois à chaque Colonel & Lieutenant-colonel, de quinze livres à chaque Capitaine, & de cinq livres à chaque Lieutenant.

Régimens qui servent dans l'isle de Minorque.

Les régimens d'Infanterie françoise & étrangère qui servent dans l'isle de Minorque, continueront d'être payés de leur solde, sur le pied réglé par l'ordonnance de solde d'hiver du 25 février dernier.

Les

Les Officiers qui, en conséquence des ordonnances des 30 décembre 1757 & 9 avril 1758, doivent représenter ceux qui sont Prisonniers de guerre, seront payés pendant la campagne, savoir; les Capitaines exploitans les compagnies des Capitaines prisonniers de guerre, sur le pied de trois livres trois sols quatre deniers par jour, quand même ils représenteroient des Capitaines des premières compagnies, auxquels Sa Majesté a réglé des appointemens plus forts : lesdits Capitaines représentans, jouiront aussi de tout le traitement attaché à leur grade, ainsi que des émolumens de la compagnie qu'ils exploitent, de l'entretien & des réparations de laquelle ils seront tenus.

Officiers représentans, & Prisonniers de guerre.

Les Lieutenans qui remplaceront ceux qui sont Prisonniers, seront payés sur le pied réglé par la présent ordonnance pour les autres Lieutenans.

Et les Aides-majors qui représenteront les Aides-majors prisonniers, recevront les mêmes appointemens des autres Aides-majors de l'Infanterie françoise.

A l'égard des Officiers prisonniers, ils seront payés jusqu'à leur échange, des appointemens attachés à leur grade, sur le pied de garnison, sans pain ni fourrage, en vertu des ordres particuliers que Sa Majesté fera expédier.

Les Officiers qui auront été nommés pour représenter les Lieutenans-colonels, Commandans de bataillon, Majors & Capitaines de Grenadiers prisonniers, jouiront des appointemens & fourrages attribués à chacun de ces grades; & les Officiers prisonniers qu'ils représenteront, seront payés sur les ordres particuliers de Sa Majesté, comme il est dit ci-dessus.

Entend Sa Majesté que les pensions attribuées aux Lieutenans-colonels & premiers Capitaines de vingt régimens de son Infanterie françoise, ainsi que les gratifications attachées aux charges, continuent d'être payées aux Officiers prisonniers qui en jouissent.

Royal-Lorraine & Royal-Barrois.

Les régimens Royal-Lorraine & Royal-Barrois, continueront de recevoir, en servant en campagne, la même solde qui leur est réglée par l'ordonnance du 25 février 1760.

L'intention de Sa Majesté est que quoique ces régimens soient à la paye de garnison toute l'année, ils aient la faculté en campagne de prendre le pain de munition & la viande, aux retenues ordinaires sur la solde, pour les Sergens & Soldats; & Elle veut bien accorder aux Officiers la fourniture du pain de munition *gratis*, comme en jouissent ceux de ses troupes d'Infanterie françoise.

Au moyen du traitement réglé à ces deux régimens, il ne leur sera accordé ni ustensile ni argent de recrue, devant être toûjours complets au moyen des hommes qui leur seront fournis des Milices de Lorraine & de Bar; mais Sa Majesté leur donnera des routes avec étape pour faire joindre les hommes de remplacement.

Corps des GRENADIERS de FRANCE.

LE Corps des Grenadiers de France, formé par ordonnance du 15 février 1749, & qui, suivant celle du 15 septembre 1750, a rang dans l'Infanterie immédiatement après le régiment de Bourbon, ce Corps composé de quatre brigades de douze compagnies de quarante-cinq hommes, faisant au total deux mille cent soixante hommes, sur le pied de cinq cens quarante hommes par brigade, sera payé à raison par jour, savoir;

Compagnies.

Chacune des quarante-huit compagnies, de six livres quinze sols dix deniers au Capitaine, y compris cinq livres dix-neuf sols dix deniers de supplément, tant pour ses appointemens que pour lui tenir lieu des cinq payes de gratification dont jouissent les Capitaines de Grenadiers des régimens d'Infanterie françoise, leur compagnie étant complète; trente sols au Lieutenant, y compris vingt-deux sols de supplément; vingt sols au Lieutenant en second, dont quatorze sols de supplément; sept sols quatre deniers à chacun des deux Sergens, dont un sol quatre deniers de supplément; cinq sols huit deniers à chacun des trois Caporaux, dont un sol onze deniers de supplément; quatre sols huit deniers à chacun des trois Anspessades, y compris un sol deux deniers de supplément; & trois sols huit deniers à chacun des trente-six Grenadiers & au Tambour, dont huit deniers de supplément.

Le Sergent, le Caporal & les onze Grenadiers entretenus en chacune des quatre Brigades, ſous la dénomination de Charpentiers, continueront de recevoir le ſupplément de ſolde qui leur a été réglé par l'ordonnance du 15 août 1750, à raiſon par jour, de deux ſols au Sergent, un ſol ſix deniers au Caporal, & un ſol à chaque Grenadier-Charpentier.

Supplément de ſolde aux Charpentiers.

L'Enſeigne qui eſt en chacune des quatre brigades, ſera payé ſur le pied de ſeize ſols par jour, y compris onze ſols de ſupplément.

Enſeignes.

L'État-major dudit Corps, ſera payé ſur le pied par jour, de vingt-une livres ſept ſols neuf deniers un tiers à l'Inſpecteur-commandant, y compris dix livres cinq ſols ſix deniers deux tiers de ſupplément; douze livres dix ſols au ſieur de Lanjamet, ci-devant Major, & établi Commandant en ſecond dudit corps, par ordonnance du 8 juillet 1756, y compris neuf livres trois ſols quatre deniers de ſupplément, lequel traitement ſera éteint du jour que ledit ſieur de Lanjamet ne ſera plus employé audit Corps; quinze livres ſeize ſols huit deniers au Major, établi par ordonnance du 6 octobre 1759; ſept livres ſeize ſols huit deniers à l'Aide-major dudit Corps, établi par la même ordonnance; quatre livres dix ſols à chacun des quatre Aides-majors de brigades, trois livres à chacun des quatre Sous-aides-majors, auſſi établis par ladite ordonnance du 6 octobre 1759; vingt ſols à chacun des Aumônier & Chirurgien, & dix ſols quatre deniers à chacun des Tambour-major & Fiſre.

État-major.

Les Colonels & Lieutenans-colonels deſtinés à ſervir audit Corps pendant la campagne, recevront, ſavoir, chaque Colonel neuf livres trois ſols quatre deniers par jour, & chaque Lieutenant-colonel neuf livres ſept ſols neuf deniers un tiers auſſi par jour, & ce pour le temps que leſdits Colonels & Lieutenans-colonels ſeront de ſervice.

Le Corps Royal de l'Artillerie, auquel Sa Majeſté a jugé à propos de faire quelques changemens, par ſon

CORPS ROYAL de l'ARTILLERIE.

ordonnance du 27 février 1760, sera payé en servant en campagne, savoir;

Officiers des brigades. Les Officiers des six brigades dudit Corps, composées chacune de huit compagnies de cent hommes chacune, dont une de Sappeurs, cinq de Canonniers, & deux de Bombardiers, sur le pied par jour,

Chacun des deux premiers Capitaines en premier de chaque brigade, de six livres sept sols neuf deniers un tiers.

Chacun des deux suivans, de cinq livres seize sols huit deniers.

Chacun des quatre derniers, de cinq livres.

Cinquante sols à chacun des deux Capitaines en second par compagnie, quarante sols à chacun des deux Lieutenans en premier, trente sols à chacun des deux Lieutenans en second, & vingt-trois sols quatre deniers au Lieutenant en troisième.

A l'égard des Sergens, Caporaux, Anspessades, Sappeurs, Canonniers, Artificiers & Bombardiers, ils seront payés sur le pied par jour, savoir;

Compagnies de Sappeurs. Chaque compagnie de Sappeurs, de quinze sols dix deniers à chacun des six Sergens, onze sols huit deniers à chacun des six Caporaux, huit sols huit deniers à chacun des six Anspessades, six sols huit deniers à chacun de dix-huit des soixante-dix-neuf Sappeurs, quatre sols deux deniers à chacun des soixante-un autres, & six sols huit deniers à chacun des trois Tambours.

Compagnies de Canonniers. Chaque compagnie de Canonniers, de quinze sols dix deniers à chacun des six Sergens, onze sols huit deniers à chacun des six Caporaux, huit sols huit deniers à chacun des six Anspessades, six sols huit deniers à chacun de dix-huit des soixante-dix-neuf Canonniers, quatre sols deux deniers à chacun de dix-huit autres, trois sols deux deniers à chacun des quarante-trois restans, & six sols huit deniers à chacun des trois Tambours.

Compagnies de Bombardiers. Chaque compagnie de Bombardiers, de quinze sols dix deniers à chacun des six Sergens, douze sols deux deniers à chacun des six Caporaux, dix sols deux deniers à chacun à chacun des ſix Anſpeſſades, neuf ſols deux deniers à chacun de quatre des ſeize Artificiers-bombardiers, huit ſols huit deniers à chacun de ſix deſdits Artificiers-bombardiers, ſept ſols huit deniers à chacun des ſix autres, ſix ſols huit deniers à chacun de douze des ſoixante-trois Bombardiers, quatre ſols deux deniers à chacun de douze autres, trois ſols deux deniers à chacun des trente-neuf reſtans, & ſix ſols huit deniers à chacun des trois Tambours.

État-major.

L'État-major de chaque brigade, composé d'un Brigadier ou Chef de brigade, d'un Colonel, d'un Lieutenant-Colonel, un Major, un Aide-major, un Sous-aide-major, un Garçon-major, un Aumônier & un Chirurgien, ſera payé en campagne ſur le pied par jour; ſavoir, de quinze livres ſeize ſols huit deniers au Chef de brigade, douze livres dix ſols au Colonel, huit livres dix ſols au Lieutenant-colonel, ſept livres dix ſols au Major, cinq livres dix ſols à l'Aide-major, quarante-ſix ſols huit deniers au Sous-aide-major, trente-ſix ſols huit deniers au Garçon-major, vingt-trois ſols dix deniers à l'Aumônier, & vingt-neuf ſols quatre deniers au Chirurgien.

Compagnies d'Ouvriers.

Les ſix compagnies d'Ouvriers, qui en conſéquence de ladite ordonnance du 27 février dernier, ont été retirées des brigades du Corps Royal de l'Artillerie pour être attachées chacune à une brigade, ſans cependant en faire partie; chaque compagnie compoſée d'un Capitaine en premier, un Capitaine en ſecond, un Lieutenant en premier, un Lieutenant en ſecond, un Lieutenant en troiſième, trois Sergens ou Maîtres-ouvriers, un maître Batelier-ſergent, trois Caporaux ou Sous-maîtres, un Caporal maître Charpentier de bateau, quatre Anſpeſſades, dont un Calfat, trente Ouvriers, ſept Charpentiers de bateau, Calfats ou Bateliers, neuf Apprentifs-ouvriers, & deux Tambours, ſera payée en ſervant en campagne, ſur le pied par jour, de cinq livres au Capitaine en premier, cinquante ſols au Capitaine en ſecond, quarante ſols au Lieutenant en premier, trente ſols au Lieutenant en fecond, vingt-trois fols quatre deniers au Lieutenant en troifième, feize fols dix deniers à chaque Sergent ou Maître-ouvrier, pareils feize fols dix deniers au maître Batelier-fergent, feize fols deux deniers à chaque Caporal ou Sous-maître, pareils feize fols deux deniers au Caporal maître Charpentier de bateau, quatorze fols deux deniers à chaque Anfpeffade, y compris l'Anfpeffade-calfat; treize fols deux deniers à chacun de douze des trente Ouvriers, pareils treize fols deux deniers aux fept Charpentiers de bateau, Calfats ou Bateliers; dix fols deux deniers aux dix-huit autres Ouvriers, huit fols deux deniers à chacun des neuf Apprentifs, & fept fols huit deniers à chacun des deux Tambours.

Payes de gratification.

Le Capitaine recevra de plus huit payes de gratification de dix fols deux deniers chacune, fa compagnie étant complète de foixante hommes, fix à cinquante-neuf, quatre à cinquante-huit, trois à cinquante-fept, deux à cinquante-fix, & aucune la compagnie étant au deffous dudit nombre de cinquante-fix hommes.

Compagnies de Mineurs.

Les fix compagnies de Mineurs attachées au Corps du Génie par ordonnance du 10 mars 1759, compofées chacune d'un Capitaine, un Capitaine en fecond, un Lieutenant, deux Lieutenans en fecond, quatre Sergens, quatre Caporaux, quatre Anfpeffades, quarante-fix Mineurs ou Apprentifs, & deux Tambours, feront payées en fervant en campagne, fur le pied par jour, de fept livres treize fols quatre deniers au premier Capitaine ayant rang de Lieutenant-colonel, tant en qualité de Capitaine qu'en celle de Commandant les fix compagnies; cinq livres à chacun des cinq autres Capitaines, quatre livres trois fols quatre deniers au premier Capitaine en fecond établi dans la première compagnie, cinquante fols à chaque autre Capitaine en fecond, quarante fols à chaque Lieutenant, trente fols à chaque Lieutenant en fecond, feize fols dix deniers à chacun des quatre Sergens par compagnie, douze fols huit deniers à chacun des quatre Caporaux, neuf fols huit deniers à chacun des quatre Anfpeffades, huit sols huit deniers à chacun des vingt-quatre Mineurs, cinq sols deux deniers à chacun des vingt-deux Apprentifs, & sept sols huit deniers à chacun des deux Tambours.

Payes de gratification.

Le Capitaine recevra de plus huit payes de gratification à raison de sept sols deux deniers chacune, sa compagnie étant complète de soixante hommes, six à cinquante-neuf, quatre à cinquante-huit, trois à cinquante-sept, deux à cinquante-six, & aucune la compagnie étant au dessous dudit nombre de cinquante-six hommes.

État-major des Mineurs.

Il sera payé au Major des Mineurs établi par ordonnance du 10 mars 1759, sept livres dix sols par jour, & à l'Aide-major cinq livres dix sols.

Supplément de solde.

Comme il se trouve, par les différens changemens que Sa Majesté a jugé à propos de faire dans le Corps Royal de l'Artillerie & dans les compagnies de Sappeurs, Mineurs & Ouvriers, plusieurs hommes qui éprouvent une diminution sur leur solde, l'intention de Sa Majesté est qu'elle leur soit continuée sur l'ancien pied tant qu'ils existeront à leur troupe, jusqu'à ce qu'ils soient montés à des grades dont la paye sera équivalente; au moyen de quoi les Commissaires des guerres feront mention dans leurs revûes du supplément de paye qui reviendra à chacun de ces hommes, conformément à l'état qui leur en sera remis par le Major ou Officier chargé du détail de chaque brigade du Corps Royal de l'Artillerie & des compagnies de Mineurs, & le décompte leur en sera fait en conséquence desdites revûes; lequel supplément s'éteindra à mesure que les hommes viendront à manquer, ou qu'ils monteront à des grades dont la paye équivaudra celle qu'ils avoient.

Enjoint Sa Majesté auxdits Majors ou Officiers chargés du détail, de remettre lors de chaque revûe un état exact & fidèle des hommes qui sont dans le cas de jouir de ce supplément, lequel état ils certifieront véritable.

L'intention de Sa Majesté est aussi que ce supplément leur soit payé lorsqu'ils marcheront par étape, indépendamment de celui qui leur est réglé par l'ordonnance de solde d'hiver.

Masse de l'Infanterie françoise, des régimens Royal-Lorraine & Royal-Barrois, du corps des Grenadiers de France, du Corps royal de l'Artillerie, & des compagnies d'Ouvriers, & de Mineurs.

Outre la solde ci-dessus de l'Infanterie françoise, des régimens Royal-Lorraine & Royal-Barrois, du corps des Grenadiers de France, & des six brigades du corps royal de l'Artillerie, des six compagnies d'Ouvriers, & des six compagnies de Mineurs, il sera payé vingt-quatre deniers par jour pour chaque Sergent & Maître-Ouvrier, dont quatre deniers d'augmentation; & douze deniers pour chaque Caporal, Anspessade, Grenadier, Fusilier, Sappeur, Canonnier, Bombardier, Mineur, Sous-maître-ouvrier, Ouvrier, Apprentif & Tambour, dont deux deniers d'augmentation, pour former une Masse toûjours complette, qui restera entre les mains des Trésoriers généraux de l'Extraordinaire des guerres & de l'Artillerie, & dont la main-levée sera ordonnée, ainsi qu'il est réglé par l'ordonnance du premier avril dernier.

RÉGIMENS de GRENADIERS-ROYAUX, de deux bataillons chacun.

LES Régimens de Grenadiers-royaux, formés des compagnies de Grenadiers & des Grenadiers-postiches des bataillons de Milices, seront payés, en servant en campagne, savoir;

Chaque compagnie formant deux troupes, l'une de Grenadiers, & l'autre de Grenadiers-postiches, à raison par jour, pour celle de Grenadiers composée de cinquante hommes, de quatre livres au Capitaine, trente-deux sols au premier Lieutenant, vingt sols au second Lieutenant, sept sols quatre deniers à chacun des deux Sergens, dont un sol quatre deniers de supplément; cinq sols huit deniers à chacun des trois Caporaux, dont un sol onze deniers de supplément; quatre sols huit deniers à chacun des trois Anspessades, dont un sol deux deniers de supplément; trois sols huit deniers à chacun des quarante-un Grenadiers, dont huit deniers de supplément; & cinq sols huit deniers au Tambour, dont huit deniers de supplément, lequel, à ce moyen, entretiendra sa caisse de peaux & de cordages, & se fournira de baguettes.

Compagnie de Grenadiers-postiches.

Et pour celle de Grenadiers-postiches, composée de soixante hommes, à raison par jour, de trois livres dix sols au Capitaine, vingt-cinq sols au Lieutenant, six sols quatre deniers

deniers à chacun des trois Sergens, dont un sol quatre deniers de supplément; quatre sols huit deniers à chacun des trois Caporaux, dont un sol cinq deniers de supplément; trois sols huit deniers à chacun des trois Anspessades, dont huit deniers de supplément; deux sols huit deniers à chacun des cinquante Grenadiers-postiches, dont deux deniers de supplément; & quatre sols huit deniers au Tambour, dont huit deniers de supplément, lequel, à ce moyen, entretiendra sa caisse de peaux & de cordages, & se fournira de baguettes.

Pain de munition & la viande aux Sergens & Soldats.

Les Sergens, Caporaux, Anspessades, Grenadiers, Grenadiers-postiches & Tambours, auront en campagne du pain de munition & de la viande, outre la solde ci-dessus ; au moyen de laquelle ils seront tenus de s'entretenir de linge & de chaussure.

Seconds Lieutenans pour porter les drapeaux.

Il sera payé vingt sols par jour au second Lieutenant entretenu aux Grenadiers-postiches des deux premières compagnies de chacun desdits régimens, pour porter les drapeaux.

État-major.

L'État-major de chacun desdits régimens, sera payé sur le pied par jour, de douze livres au Colonel; dix livres au Lieutenant-colonel, tant pour leurs appointemens en ladite qualité, que pour leur tenir lieu de ceux de Capitaine, n'ayant point de compagnies; six livres au Major, & trois livres à chacun des deux Aides-majors.

BATAILLONS DE MILICE.

LES Officiers des bataillons de Milice, que Sa Majesté jugera à propos de faire servir dans ses armées, soit pour la communication, soit pour camper, continueront d'être payés de leurs appointemens sur le pied réglé par l'ordonnance de solde des Troupes du 25 février dernier.

A l'égard des Sergens, Caporaux, Anspessades, Fusiliers & Tambours, de ceux desdits bataillons qui serviront dans les Places pour la communication, ils continueront aussi d'être payés de leur solde sur le pied réglé par ladite ordonnance du 25 février dernier.

Et ceux desdits bataillons qui camperont, seront payés sur le pied par jour, de six sols quatre deniers à chaque

Sergent, quatre sols huit deniers à chaque Caporal, trois sols huit deniers à chaque Anspessade, deux sols huit deniers à chaque Fusilier, & quatre sols huit deniers à chaque Tambour.

Les Sergens, Caporaux, Anspessades, Fusiliers & Tambours des bataillons qui camperont, auront du pain de munition & de la viande outre la solde ci-dessus, au moyen de laquelle ils seront obligés de s'entretenir de linge & de chaussure.

A l'égard de ceux des bataillons employés pour les communications, il leur sera aussi fourni du pain & de la viande; mais comme ils sont à la solde de garnison, il leur sera retenu deux sols pour chaque ration de pain, & un sol pour chaque ration de viande.

Pain de munition aux Officiers des régimens de Grenadiers royaux & des bataillons de Milice.

Sa Majesté voulant bien faire participer les Officiers des régimens de Grenadiers-royaux, qui servent dans ses armées, & ceux des bataillons de Milice qui camperont, à la grace qu'Elle a accordée à plusieurs de ses troupes, en leur faisant délivrer la fourniture du pain *gratis*, pour laquelle on leur retenoit deux sols par ration, son intention est que cette fourniture leur soit faite aussi *gratis* sur le pied des quantités réglées pour chaque grade, comme à l'Infanterie françoise.

A l'égard des Officiers des bataillons employés pour les communications, ils auront la liberté d'en prendre comme par le passé; mais il sera retenu sur leurs appointemens deux sols pour chaque ration de pain qui leur sera fournie.

Traitement des Aumôniers des régimens de Grenadiers-royaux ou des brigades de Milice.

Il sera accordé à chacun des Religieux qui auront été choisis pour servir en qualité d'Aumôniers des régimens de Grenadiers-royaux ou des brigades de Milice, une somme de trois cens livres, laquelle sera payée une seule fois, au commencement de la guerre, à chacun desdits Religieux pour leur donner moyen d'acheter un vestiaire & un cheval de monture.

Ils jouiront de quatre-vingt-dix livres d'appointemens par mois de trente jours; il leur sera délivré deux rations de pain par jour, en campagne seulement, & une ration de fourrage par jour, été & hiver, lorfque lefdits régimens feront deftinés à rentrer en campagne; au moyen duquel traitement, lefdits Aumôniers feront tenus de s'entretenir de veftiaire, & de fe fournir de chevaux, fi bon leur femble.

I V.

TROUPES LÉGÉRES.

RÉGIMENS des VOLONTAIRES de FLANDRE, du HAINAULT, du DAUPHINÉ, de CLERMONT & d'AUSTRASIE.

LES régimens des Volontaires de Flandre, des Volontaires du Haynault, des Volontaires du Dauphiné, des Volontaires de Clermont & des Volontaires d'Auftrafie, compofés en conféquence de l'ordonnance du 22 novembre dernier, de neuf cens quarante-huit hommes chacun, divifés en dix-fept compagnies, dont une de Grenadiers de foixante hommes, huit de Fufiliers de foixante-onze, & huit de Dragons de quarante hommes chacune, feront payés, favoir;

Compagnies de Grenadiers.

La compagnie de Grenadiers de chaque régiment, compofée d'un Capitaine, un Lieutenant, un Sous-lieutenant, deux Sergens, un Fourrier, quatre Caporaux, quatre Anfpeffades, quarante-huit Grenadiers & un Tambour, fur le pied par jour, de fix livres treize fols quatre deniers au Capitaine, cinquante fols au Lieutenant, trente-trois fols quatre deniers au Sous-lieutenant, douze fols quatre deniers à chacun des deux Sergens, dix fols au Fourrier, huit fols huit deniers à chacun des quatre Caporaux, fept fols huit deniers à chacun des quatre Anfpeffades, fix fols huit deniers à chacun des quarante-huit Grenadiers & au Tambour.

Le Capitaine recevra de plus fix payes de gratification de fix fols huit deniers chacune, fa compagnie étant complette au nombre de foixante hommes, trois à cinquante-neuf, une à cinquante-huit, & aucune au deffous dudit nombre de cinquante-huit hommes.

Compagnies de Fufiliers.

Chacune des huit compagnies de Fufiliers, compofée d'un Capitaine, un Lieutenant, un Sous-lieutenant, trois Sergens, un Fourrier, fix Caporaux, fix Anfpeffades, cinquante-quatre Fusiliers & un Tambour ; à raison par jour, de cinq livres au Capitaine, quarante sols au Lieutenant, trente sols au Sous-lieutenant, onze sols quatre deniers à chacun des trois Sergens, neuf sols au Fourrier, sept sols huit deniers à chacun des six Caporaux, six sols huit deniers à chacun des six Anspessades, & cinq sols huit deniers à chacun des cinquante-quatre Fusiliers & au Tambour.

Compagnies de Dragons.

Le Capitaine recevra de plus sept payes de gratification de cinq sols huit deniers chacune, sa compagnie étant complète à soixante-onze hommes, cinq de soixante-neuf à soixante-dix, trois à soixante-sept & soixante-huit, & aucune au dessous dudit nombre de soixante-sept.

Chacune des huit compagnies de Dragons, composée d'un Capitaine, un Lieutenant, un Cornette, un Maréchal-des-logis, un Fourrier, deux Brigadiers, trente-six Dragons & un Tambour; à raison par jour, de six livres au Capitaine, cinquante sols au Lieutenant, quarante sols au Cornette, vingt-six sols huit deniers au Maréchal-des-logis, dix sols six deniers au Fourrier, huit sols à chacun des deux Brigadiers, & sept sols à chacun des trente-six Dragons & au Tambour.

État-major.

L'État-major de chacun des cinq régimens des Volontaires de Flandre, du Haynault, du Dauphiné, de Clermont & d'Austrasie, sera payé à raison par jour, de seize livres treize sols quatre deniers au Colonel, dix livres au Lieutenant-colonel, qui ne doivent point avoir de compagnie; six livres au Major, trois livres six sols huit deniers à l'Aide-major d'Infanterie, quatre livres à l'Aide-major de Dragons, trente sols à l'Aumônier, & trente sols au Chirurgien.

Commandant de bataillons.

Sa Majesté ayant réglé que le premier Capitaine d'Infanterie de chacun de ces cinq régimens auroit le commandement de toute l'Infanterie du Corps, avec le rang de Commandant de bataillon, il lui sera payé, en ladite qualité, trente-six sols huit deniers par jour, indépendamment de son traitement de Capitaine.

Sa

Sa Majesté ayant bien voulu conserver au sieur de Romé, ci-devant Lieutenant-colonel du régiment des Volontaires-Liégeois, les mêmes appointemens qu'il avoit en ladite qualité, en l'entretenant Lieutenant-colonel réformé à la suite des Corps de Troupes légères, il sera payé sur le pied de dix livres par jour, jusqu'à ce qu'il soit pourvû de la première place de Lieutenant-colonel qui viendra à vaquer dans l'un desdits cinq régimens.

Le sieur de Romé.

Ceux des Capitaines en second qui, après la nouvelle composition de ces régimens faite en conséquence de ladite ordonnance du 22 novembre dernier, se sont trouvés sans emploi, & que Sa Majesté a jugé à propos d'entretenir en qualité de Capitaines réformés à la suite des corps de Troupes légères, continueront de jouir des mêmes appointemens qu'ils avoient, jusqu'à ce qu'ils soient remplacés à des compagnies lorsqu'il en vaquera.

Capitaines en second entretenus réformés jusqu'à leur remplacement.

La Légion-royale, portée par ordonnance du 10 février 1759, à dix-huit cens hommes en dix-sept compagnies, dont deux de Grenadiers de quarante-cinq hommes, douze de cent vingt-cinq hommes, dont soixante-quinze à pied, & cinquante Dragons montés, deux compagnies d'Hussards de soixante-quinze hommes, & une d'Ouvriers de soixante, continuera d'être payée, savoir;

LÉGION-ROYALE. Composition.

Chacune des deux compagnies de Grenadiers, sur le pied par jour, de cinq livres au Capitaine, dont vingt sols de supplément; cinquante sols au Lieutenant, quarante sols au Lieutenant en second, douze sols quatre deniers à chacun des deux Sergens, huit sols huit deniers à chacun des trois Caporaux, sept sols huit deniers à chacun des trois Anspessades, six sols huit deniers à chacun des trente-six Grenadiers & au Tambour; & pareils six sols huit deniers pour chacune des cinq payes de gratification, dont deux de supplément, que le Capitaine recevra par jour, sa compagnie étant complète de quarante-cinq hommes, & rien au dessous dudit nombre.

Compagnies de Grenadiers.

Payes de gratification.

Chacune des douze compagnies de cent vingt-cinq hommes, dont soixante-quinze d'Infanterie & cinquante

Compagnies de cent vingt-cinq hommes, dont

soixante-quinze à pied, & cinquante Dragons montés.

Infanterie.

de Dragons, sera payée à raison par jour, de six livres au Capitaine titulaire; & pour la partie de l'Infanterie, de cinquante-six sols huit deniers au Capitaine en second, dont six sols huit deniers de supplément; quarante sols au Lieutenant, dont cinq sols de supplément; trente sols au Lieutenant en second, onze sols quatre deniers à chacun des quatre Sergens, sept sols huit deniers à chacun des six Caporaux, six sols huit deniers à chacun des six Anspessades, & cinq sols huit deniers à chacun des cinquante-huit Fusiliers & au Tambour.

Payes de gratification.

Le Capitaine titulaire recevra en outre neuf payes de gratification de cinq sols huit deniers chacune, pour sa compagnie d'Infanterie, lorsqu'elle sera complète de soixante-quinze hommes, six à soixante-quatorze, trois à soixante-douze & soixante-treize, deux à soixante-onze, une à soixante-dix, & rien au dessous dudit nombre de soixante-dix hommes.

Dragons.

Et pour la partie de Dragons, il sera payé au Capitaine en second trois livres six sols huit deniers, dont six sols huit deniers de supplément, cinquante sols au Lieutenant, dont dix sols de supplément; quarante sols au Lieutenant en second, vingt-six sols huit deniers au Maréchal-des-logis, dix sols six deniers au Fourrier établi par ordonnance du premier novembre 1758, huit sols à chacun des trois Brigadiers, & sept sols à chacun des quarante-cinq Dragons & un Tambour.

Compagnies d'Hussards.

Chacune des deux compagnies d'Hussards, sera payée à raison par jour, de six livres au Capitaine, trois livres au premier Lieutenant, cinquante sols au second Lieutenant, quarante-cinq sols au Cornette, vingt-six sols huit deniers à chacun des deux Maréchaux-des-logis, douze sols au Fourrier, neuf sols à chacun des six Brigadiers, & sept sols à chacun des soixante-sept Hussards & un Trompette.

Compagnie d'Ouvriers.

La compagnie d'Ouvriers de soixante hommes, sera payée à raison par jour, de quatre livres au Capitaine, quarante sols au Lieutenant, trente sols au Lieutenant en fecond, vingt-cinq fols au Sous-lieutenant, feize fols quatre deniers à chacun des trois Sergens, quatorze fols quatre deniers à chacun des trois Maîtres-ouvriers, douze fols deux deniers à chacun des trois Sous-maîtres, dix fols deux deniers à chacun des vingt-un Charpentiers, & huit fols deux deniers à chacun des trente Apprentifs, y compris le Tambour.

Payes de gratification.

Le Capitaine recevra de plus fix payes de gratification de huit fols deux deniers chacune, fa compagnie étant complète de foixante hommes, trois à cinquante-neuf, une à cinquante-huit, & rien au deffous dudit nombre de cinquante-huit hommes.

Charretier.

Il fera payé vingt fols par jour au Charretier attaché à ladite compagnie, pour conduire le Caiffon deftiné à porter les outils & munitions, lequel Caiffon fera attelé de trois chevaux à chacun defquels il fera fourni une ration de fourrages.

État-major.

L'État-major de la Légion-royale, fera payé fur le pied par jour, de feize livres treize fols quatre deniers au Colonel-commandant, onze livres deux fols deux deniers deux tiers au Colonel-commandant en fecond, établi par ordonnance du 3 mai 1759, tant pour leurs appointement en leurdite qualité, qu'en celle de Capitaine, ne devant point avoir de compagnie; quatre livres au Lieutenant-colonel, établi par la même ordonnance du 3 mai 1759, indépendamment de fes appointemens de Capitaine; fix livres au Major, trois livres fix fols huit deniers à chacun des deux Aides-majors d'Infanterie, dont fix fols huit deniers de fupplément; quatre livres à chacun des deux Aides-major de Dragons, trente fols à chacun des Aumônier & Chirurgien, & vingt fols à chacun des Aide-chirurgien & Prevôt.

RÉGIMENT ROYAL-CANTABRES.

LE régiment Royal-Cantabres, compofé par ordonnance du 13 janvier 1759, d'un bataillon de fix cens quatre hommes, en neuf compagnies, dont une de Grenadiers de cinquante-fix hommes, & huit de Fufiliers de ſoixante-huit hommes chacune, ſera payé ſur le pied par jour, ſavoir;

Compagnie de Grenadiers.

La compagnie de Grenadiers, de ſix livres au Capitaine, quarante ſols au Lieutenant, trente-trois ſols quatre deniers au Lieutenant en ſecond, douze ſols quatre deniers à chacun des deux Sergens, onze ſols deux deniers au Fourrier, dix ſols deux deniers au Capitaine d'armes, huit ſols huit deniers à chacun des quatre Caporaux, ſept ſols huit deniers à chacun des quatre Anſpeſſades, & ſix ſols huit deniers à chacun des quarante-trois Grenadiers & un Tambour.

Le Capitaine recevra de plus ſix payes de gratification de ſix ſols huit deniers chacune, ſa compagnie devant être toûjours complète, en exécution de l'ordonnance du 22 octobre 1758.

Compagnies de ſoixante-huit hommes.

Chaque compagnie de ſoixante-huit hommes, à raiſon de cinq livres au Capitaine en pied, dont trente-trois ſols quatre deniers de ſupplément; quarante ſols au Lieutenant, dont cinq ſols de ſupplément; trente-trois ſols quatre deniers au Lieutenant en ſecond, dont trois ſols quatre deniers de ſupplément; onze ſols quatre deniers à chacun des trois Sergens, dix ſols deux deniers au Fourrier, neuf ſols deux deniers au Capitaine d'armes, ſept ſols huit deniers à chacun des quatre Caporaux, ſix ſols huit deniers à chacun des quatre Anſpeſſades, & cinq ſols huit deniers à chacun des cinquante-quatre Fuſiliers & un Tambour.

Payes de gratification.

Le Capitaine, outre ſes appointemens, recevra ſept payes de gratification de cinq ſols huit deniers chacune, ſa compagnie étant complète de ſoixante-huit hommes, cinq à ſoixante-ſix, trois à ſoixante-quatre, une à ſoixante-deux, & rien au deſſous dudit nombre de ſoixante-deux hommes.

Les quatre Capitaines en ſecond, qui, par la nouvelle compoſition de ce régiment, ſe ſont trouvés d'excédant, ſeront employés en leurdite qualité aux quatre premières compagnies

compagnies de Fusiliers, & seront payés de leurs appointemens, sur le pied de cinquante-six sols huit deniers par jour, jusqu'à ce qu'ils soient pourvûs de compagnies.

L'État-major de ce régiment, sera payé sur le pied par jour, de seize livres treize sols quatre deniers au Colonel-lieutenant, dix livres au Lieutenant-colonel qui n'ont point de compagnie, six livres au Major, trois livres six sols huit deniers à l'Aide-major, y compris six sols huit deniers de supplément; trente sols à l'Aumônier, vingt sols au Chirurgien, & douze sols à chacun des quatre Tambourins. *État-major.*

LE Corps des Chasseurs de Fischer, composé de douze cens hommes, en conséquence de l'ordonnance du 8 juillet 1757, en seize compagnies, dont huit d'Infanterie de soixante-quinze hommes chacune, & huit de Cavalerie de même nombre, sera payé sur le pied par jour, savoir; *CORPS des CHASSEURS de FISCHER. Composition.*

Chacune des compagnies d'Infanterie, de soixante-quinze hommes, à raison de cinquante-six sols huit deniers au Capitaine en second, dont six sols huit deniers de supplément; quarante sols au premier Lieutenant, dont cinq sols de supplément; trente-trois sols quatre deniers au second Lieutenant, dont trois sols quatre deniers de supplément; vingt sols à chacun des quatre Sergens, seize sols à chacun des six Caporaux, quatorze sols à chacun des six Anspessades & des six Grenadiers, & dix sols à chacun des cinquante-trois Chasseurs. *Compagnies d'Infanterie de soixante-quinze hommes.*

Sa Majesté ayant établi, par son ordonnance du 22 novembre dernier, un Sous-lieutenant en chacune des huit compagnies de Fusiliers dudit Corps, son intention est qu'il soit payé, sur le pied de vingt-cinq sols par jour, en passant présent aux revûes des Commissaires des guerres. *Sous-lieutenans.*

Chacune des compagnies de Cavalerie, de soixante-quinze hommes, à raison de quatre livres au premier Capitaine en second, dont treize sols quatre deniers de supplément; cinquante-six sols huit deniers au second *Compagnies de Cavalerie de soixante-quinze hommes.*

Capitaine en ſecond, dont ſix ſols huit deniers de ſupplément; cinquante ſols au premier Lieutenant, dont cinq ſols de ſupplément; quarante ſols au ſecond Lieutenant, vingt-ſix ſols huit deniers à chacun des deux Maréchaux-des-logis, ſeize ſols à chacun des ſix Brigadiers, & dix ſols à chacun des ſoixante-neuf Chaſſeurs.

État-major. L'État-major dudit Corps, ſera payé ſur le pied par jour, ſavoir; de quinze livres au ſieur Fiſcher, tant en ſa qualité de Commandant, que de Capitaine en premier des compagnies à pied & à cheval; dix livres au Lieutenant-colonel, ſix livres au Major, trois livres ſix ſols huit deniers à chacun des deux Aides-majors, trente ſols à l'Aumônier, vingt ſols au Chirurgien, & pareils vingt ſols au Prevôt.

Surnuméraires. Les Surnuméraires que Sa Majeſté a autoriſé le ſieur Fiſcher d'admettre dans ledit Corps, par ſon ordonnance particulière du 15 août 1757, continueront d'être payés de leur ſolde ſur le pied de dix ſols chacun par jour, ſuivant les revûes des Commiſſaires des guerres, en obſervant de ne point excéder le nombre de huit cens hommes fixé par ladite ordonnance, ſans aucune hautepaye ni autre dépenſe pour Sa Majeſté, tant qu'Elle jugera à propos de laiſſer ſubſiſter leſdits Surnuméraires au-delà des douze cens hommes à quoi Elle a fixé ledit Corps par ſon ordonnance du 8 juillet 1757.

Entend Sa Majeſté qu'au moyen du traitement ci-deſſus, le ſieur Fiſcher ſera chargé de l'habillement, armement, équipement & entretien deſdits Chaſſeurs, tant à pied qu'à cheval.

FUSILIERS de MONTAGNE. LE Corps des Fuſiliers de Montagne, composé de cent vingt hommes, en trois compagnies de quarante hommes chacune, ſera payé, ſavoir;

Compagnies. Chaque compagnie ſur le pied par jour, de quatre livres au Capitaine en premier, dont vingt ſols de ſupplément; trois livres au Capitaine en ſecond, dont dix ſols de ſupplément; trente-trois ſols quatre deniers au Lieutenant, y compris trois ſols quatre deniers de ſupplément; quinze ſols quatre deniers à chacun des trois Brigadiers, onze ſols deux deniers à chacun des trois Sous-brigadiers, & neuf ſols deux deniers à chacun des trente-trois Fuſiliers & au Tambour.

Il ſera retenu pour l'habillement, armement & équipement deſdites trois compagnies, quatre ſols par jour ſur la ſolde de chaque Brigadier, trois ſols ſur celle de chaque Sous-brigadier, & deux ſols ſur celle de chaque Fuſilier & Tambour: Mais comme cette retenue ne peut avoir lieu ſur la ſolde que pour le nombre d'hommes dont les compagnies ſe trouveront compoſées aux revûes des Commiſſaires des guerres, ce qui opéreroit un vuide au Capitaine dans les fonds deſtinés aux réparations de ſa troupe; & Sa Majeſté voulant y ſuppléer, Elle veut bien prendre ſur ſon compte les deux ſols affectés à l'habillement, équipement & armement de chacun des Fuſiliers qui manqueront aux revûes, afin que cela compoſe une ſomme toûjours égale, ſans avoir égard aux hommes qui pourroient manquer dans les compagnies, pour compoſer à la fin de l'année une Maſſe complète ſur le pied ci-deſſus, laquelle demeurera entre les mains du Tréſorier général de l'Extraordinaire des guerres, pour être payée ſur la main-levée d'un Inſpecteur d'Infanterie; au moyen de quoi, chaque Capitaine ſera chargé de l'entretien général de ſa troupe.

État-major.

L'État-major dudit Corps de Fuſiliers de Montagne, ſera payé à raiſon par jour, de ſix livres treize ſols quatre deniers au Commandant, dont trente-trois ſols quatre deniers de ſupplément, tant pour ſes appointemens en ladite qualité, que pour lui tenir lieu de ceux de Capitaine, ne devant être attaché à aucune compagnie; & trois livres ſix ſols huit deniers à l'Aide-major, y compris ſeize ſols huit deniers de ſupplément.

Compagnie de Fusiliers-guides.

La compagnie de Fuſiliers guides, créée par ordonnance du 26 décembre 1756, ſur le pied de vingt-cinq hommes, dont treize à pied & douze à cheval, & portée par celle du 19 mars dernier, à quarante hommes à cheval, sera payée à raison par jour, de quatre livres au Capitaine, vingt-sept sols huit deniers au Lieutenant, vingt sols au Sous-lieutenant, treize sols quatre deniers à chacun des deux Sergens, dix sols huit deniers à chacun des deux Caporaux; huit sols huit deniers à chacun des deux Anspessades, & six sols huit deniers à chacun des trente-quatre Fusiliers-guides. Le Capitaine recevra de plus trois payes de gratification de six sols huit deniers chacune, la compagnie étant complète de quarante hommes.

Payes de gratification.

COMPAGNIE FRANCHE de VOLONTAIRES.

La compagnie franche de Volontaires, créée par ordonnance du 12 décembre 1759, composée de cent cinquante hommes, dont cent à pied & cinquante à cheval, sous la dénomination de Dragons, & commandée par le sieur de Cambefort, sera payée sur le pied par jour, de six livres au Capitaine titulaire.

Infanterie.

La partie d'Infanterie, composée d'un Capitaine en second, d'un Lieutenant, un Sous-lieutenant, quatre Sergens, six Caporaux, six Anspessades, quatre-vingt-deux Fusiliers & deux Tambours, de trois livres six sols huit deniers au Capitaine en second, de quarante sols au Lieutenant, trente sols au Sous-lieutenant, onze sols quatre deniers à chacun des quatre Sergens, sept sols huit deniers à chacun des six Caporaux, six sols huit deniers à chacun des six Anspessades, & cinq sols huit deniers à chacun des quatre-vingt-quatre Fusiliers & Tambours.

Dragons.

La partie de Dragons, composée d'un Lieutenant, un Sous-lieutenant, deux Maréchaux-des-logis, deux Brigadiers, quarante-sept Dragons & un Tambour, de cinquante sols au Lieutenant, quarante sols au Sous-lieutenant, vingt-six sols huit deniers à chacun des deux Maréchaux-des-logis, huit sols à chacun des deux Brigadiers, & sept sols à chacun des quarante-sept Dragons & au Tambour.

MASSE des Troupes légères.

Outre la solde ci-dessus réglée pour les régimens des Volontaires de Flandre, du Haynault, de Dauphiné, de Clermont & d'Austrasie, la Légion-royale, le régiment

Royal-

Royal-Cantabres, la compagnie de Fusiliers-guides & la Compagnie franche de Volontaires, il sera payé vingt-quatre deniers par jour pour chaque Sergent & Maître-ouvrier, dont quatre deniers d'augmentation; & douze deniers, dont deux d'augmentation, pour chaque Caporal, Anspessade, Grenadier, Fusilier, Ouvrier, Brigadier, Sous-brigadier, Volontaire, Cavalier, Dragon, Fusilier-guide, Trompette, Timbalier & Tambour, pour former une Masse toûjours complète par année, laquelle restera entre les mains du Trésorier général de l'Extraordinaire des guerres, pour être délivrée & employée, comme il est réglé à l'article de la Masse de l'Infanterie françoise; Sa Majesté voulant que ladite Masse ait lieu au complet, ainsi qu'elle est fixée ci-dessus, pour tous lesdits Corps.

Gratifications attachées aux charges.

Sa Majesté ayant bien voulu accorder des gratifications attachées aux charges, aux Lieutenans-colonels, Majors & Aides-majors de plusieurs desdits régimens de Troupes légères, ils en seront payés suivant les ordres particuliers qu'Elle en fera expédier chaque année.

Entend Sa Majesté, que sur la paye des Sergens, Caporaux, Anspessades, Grenadiers, Fusiliers & Tambours, il en soit affecté à l'entretien du linge & chaussure, savoir; seize deniers pour chaque Sergent, dont quatre deniers de supplément; & huit deniers aussi par jour, dont deux deniers de supplément, pour chaque Caporal, Anspessade, Grenadier, Fusilier & Tambour, tant des troupes d'Infanterie françoise & de la Milice, que des Troupes légères.

V.

INFANTERIE SUISSE ET GRISONNE.

Suisses & Grisons. Compagnies.

Les compagnies des régimens Suisses & Grisons, qui ont été ou seront mis à la solde de guerre, en vertu des ordonnances particulières que Sa Majesté en a fait ou en fera expédier, recevront cette solde jusqu'à ce qu'Elle en ordonne autrement, sur le pied de dix-sept livres huit sols pour chaque homme par mois, les Officiers compris,

Payes de gratification. & pour chacune des quarante payes de gratification que Sa Majesté accorde au Capitaine, à tel nombre d'hommes que sa compagnie passe aux revûes des Commissaires des guerres, sur laquelle solde il sera retenu deux sols pour chacune des rations de pain de munition qui seront fournies auxdites compagnies, suivant les revûes des Commissaires des guerres préposés à cet effet. *Retenue pour le pain.*

État-major. L'État-major de chacun des régimens Suisses & Grisons, qui sera à la paye de guerre, sera payé à raison de dix-neuf cens soixante livres huit sols par mois, au lieu de mille livres, aussi par mois, qu'il reçoit lorsque les régimens sont à la solde de paix.

Solde de garnison. A l'égard de ceux desdits régimens, auxquels Sa Majesté n'aura point accordé d'ordre particulier pour être mis à la solde de guerre, ils continueront d'être payés en conformité de ce qui est réglé par l'ordonnance du 25 février dernier.

VI.

INFANTERIE ÉTRANGÉRE.

RÉGIMENS ALLEMANDS D'ALSACE, D'ANHALT, LA MARCK, ROYAL-SUÉDOIS, ROYAL-BAVIÈRE, NASSAU & ROYAL-DEUX-PONTS.

Les régimens d'Infanterie allemande d'Alsace, d'Anhalt, la Marck, Royal-Suédois, Royal-Baviere, Nassau & Royal-Deux-Ponts, auxquels Sa Majesté a jugé à propos, par son ordonnance du 18 janvier dernier, de faire plusieurs changemens dans la composition & la solde, composés actuellement, savoir, le régiment d'Alsace de quatre bataillons, & chacun des six autres de trois bataillons.

Chaque bataillon composé de neuf compagnies, dont une de Grenadiers de cinquante-deux hommes, & huit de Fusiliers de soixante-dix-neuf hommes, sera payé sur le pied, savoir;

Compagnies de Grenadiers. La compagnie de Grenadiers, composée d'un Capitaine, un Lieutenant, un Sous-lieutenant, deux Sergens, un Fourrier, quatre Caporaux, deux Appointés, quarante-deux Grenadiers & un Tambour, sur le pied par jour, de six livres au Capitaine, cinquante-trois sols quatre deniers au Lieutenant, quarante fols au Sous-lieutenant, vingt fols au premier Sergent, treize fols au fecond Sergent, dix fols au Fourrier, huit fols à chacun des quatre Caporaux, fept fols fix deniers à chacun des deux Appointés, fix fols fix deniers à chacun des quarante-deux Grenadiers, & huit fols au Tambour.

Compagnies de Fufiliers.

Chaque compagnie de Fufiliers, compofée d'un Capitaine, un Lieutenant, un Sous-lieutenant, quatre Sergens, un Fourrier, huit Caporaux, quatre Appointés, foixante Fufiliers & deux Tambours, fur le pied par jour, favoir;

Aux Capitaines des deux premières compagnies, cinq livres fix fols huit deniers chacun.

Aux Capitaines des deux compagnies qui fuivent par leur rang, cinq livres chacun.

Aux Capitaines des quatre dernières compagnies, quatre livres treize fols quatre deniers à chacun.

A chaque Lieutenant, cinquante fols.

A chaque Sous-lieutenant, trente-trois fols quatre deniers.

A l'égard des Sergens, Caporaux, Appointés, Fufiliers & Tambours defdites compagnies de Fufiliers, ils feront payés fur le pied par jour, de vingt fols au premier Sergent, douze fols à chacun des trois autres, neuf fols au Fourrier, fept fols à chacun des huit Caporaux, fix fols fix deniers à chacun des quatre Appointés, cinq fols fix deniers à chacun des foixante Fufiliers, & fept fols à chacun des deux Tambours.

L'intention de Sa Majefté eft qu'il foit fourni en campagne, aux Officiers defdits régimens, du pain de munition *gratis*, fur le même pied qu'à ceux des régimens d'Infanterie françoife, & aux Sergens, Fourriers, Caporaux, Appointés, Grenadiers, Fufiliers & Tambours, à la retenue de deux fols par ration fur leur folde.

Il fera pareillement fourni de la viande en campagne aux Sergens, Fourriers, Caporaux, Appointés, Grenadiers, Fufiliers & Tambours, à la retenue d'un fol par ration, auffi fur leur folde.

Veut Sa Majesté que les Commandans de bataillon, soient compris, pour leurs appointemens de Capitaine, dans la classe des premiers Capitaines; mais les Colonels, les Colonels-commandans & les Lieutenans-colonels ne seront compris pour leurs appointemens de Capitaine que dans la classe des derniers.

Capitaines-lieutenans. Sa Majesté ayant établi dans chacune des compagnies Colonelle, Colonelle-commandante, Lieutenante-colonelle & Commandante de bataillon, un Capitaine-lieutenant, pour suppléer au service de ces Officiers supérieurs, il sera payé à raison de quatre livres par jour, & aura le rang & les prérogatives de Capitaine en pied.

Enseignes. Les deux Enseignes par bataillon, établis pour porter les drapeaux, seront payés à raison de vingt-six sols huit deniers chacun par jour.

État major du régiment d'Alsace. L'État-major du régiment d'Alsace, composé d'un Colonel, lequel ne doit point jouir d'appointemens, un Colonel en second, un Colonel-commandant, un Lieutenant-colonel, trois Commandans de bataillon, un Major, quatre Aides-major, quatre Sous-aides-major, deux Interprètes, un Aumônier, un Chirurgien, un Auditeur, un Prevôt, un Greffier, un Tambour-major, deux Archers & un Exécuteur, sera payé à raison par jour, de trente-trois livres six sols huit deniers au Colonel en second, qui en jouira jusqu'à ce qu'il plaise à Sa Majesté d'en faire jouir le Colonel titulaire; seize livres treize sols quatre deniers au Colonel-commandant, huit livres six sols huit deniers au Lieutenant-colonel, quarante sols à chaque Commandant de bataillon, indépendamment de leur traitement de Capitaine; dix livres au Major, quatre livres à chaque Aide-major, trois livres six sols huit deniers à chacun des Sous-aides-major, trois livres six sols huit deniers à chacun des premier & second Interprètes, trente sols à l'Aumônier, trente-trois sols quatre deniers au Chirurgien, pareils trente-trois sols quatre deniers à l'Auditeur, vingt-six sols huit deniers au Prevôt, treize sols quatre deniers au Greffier, pareils treize sols quatre deniers

deniers au Tambour-major; & douze sols à chacun des deux Archers & à l'Exécuteur.

États-majors des régimens d'Anhalt, la Marck, Royal-Suédois, Royal-Bavière & Nassau.

L'État-major de chacun des régimens d'Anhalt, la Marck, Royal-Suédois, Royal-Bavière & Nassau, composé d'un Colonel, un Colonel-commandant, un Lieutenant-colonel, deux Commandans de bataillon, un Major, trois Aides-major, trois Sous-aides-major, deux Interprètes, un Aumônier, un Chirurgien, un Auditeur, un Prevôt, un Greffier, un Tambour-major, deux Archers & un Exécuteur, sera payé par jour sur le pied ci-dessus réglé pour les Officiers de l'État-major du régiment d'Alsace.

État-major du régiment Royal-Deux-Ponts.

L'État-major du régiment Royal-Deux-Ponts, composé d'un Colonel-lieutenant, un Colonel-commandant, un Lieutenant-colonel, deux Commandans de bataillon, un Major, trois Aides-major, trois Sous-aides-major, un Interprète, un Aumônier, un Chirurgien, un Auditeur, un Prevôt, un Greffier, un Tambour-major, deux Archers & un Exécuteur, sera aussi payé par jour sur le pied réglé ci-dessus pour les Officiers de l'État-major du régiment d'Alsace.

Les Colonels des régimens incorporés, entretenus en qualité de Colonels réformés à la suite des régimens dans lesquels ceux qu'ils commandoient ont été incorporés, seront payés sur le pied par mois, de mille livres aux sieurs Comtes de Saint-Germain & de Lowendal, & de cinq cens soixante livres aux sieurs Comtes de Lewenhaupt & de Bergh, jusqu'à ce qu'ils soient remplacés.

Sa Majesté ayant bien voulu continuer aux Lieutenans-colonels & Commandans de bataillon des régimens incorporés, entretenus réformés à la suite des régimens dans lesquels ceux où ils servoient sont incorporés, les mêmes appointemens dont ils jouissoient jusqu'à leur remplacement, ils seront payés par mois, savoir;

Le sieur Gelb, Lieutenant-colonel du régiment de Saint-Germain, incorporé dans celui de Nassau, sur le pied de deux cens quatre-vingts livres par mois, dont cent trente livres comme Capitaine, & cent cinquante comme Lieutenant-colonel.

Et le Commandant du fecond bataillon du régiment de Lowendal, fur le pied de deux cens dix livres auffi par mois, dont cent cinquante livres comme Capitaine, & foixante livres comme Commandant de bataillon.

Les Capitaines réformés à la fuite des compagnies auxquelles ils étoient attachés avant l'incorporation, feront payés de leurs appointemens, fur le pied de quatre-vingt-dix livres par mois.

Les Lieutenans réformés, qui étoient Lieutenans en fecond avant l'incorporation, feront payés de leurs appointemens, fur le pied de cinquante livres par mois.

L'intention de Sa Majefté étant qu'il foit entretenu à la fuite de chacun de ces régimens un Capitaine, un Lieutenant, un Sous-lieutenant, quatre Sergens & huit Caporaux furnuméraires, fans être attachés à aucune compagnie, devant être uniquement employés au travail des recrues, ils feront payés fur le pied par jour, de quatre livres fix fols huit deniers au Capitaine, cinquante fols au Lieutenant, trente-trois fols quatre deniers au Sous-lieutenant, vingt fols à chacun des quatre Sergens, & quinze fols à chacun des huit Caporaux.

MASSE pour l'habillement.

Outre la folde ci-deffus réglée pour les régimens d'Infanterie allemande, il fera payé, à titre de Maffe, quatre livres dix fols par homme par mois, fur le pied complet de chaque compagnie, à tel nombre qu'elle paffe aux revûes des Commiffaires des guerres, & pour chacun des quatre Sergens & huit Caporaux furnuméraires, employés pour les Recrues dans chaque régiment, dont trente fols feront uniquement affectés à l'entretien du Soldat, & les trois livres reftant, feront affectées particulièrement à l'habillement, l'équipement & l'armement. Les Commandans des Corps feront refponfables de cette Maffe, dont la propriété appartiendra au Capitaine; & s'il arrivoit que par un défaut d'économie elle ne fuffit pas, le Capitaine fera obligé d'y fuppléer, même avec fes appointemens, l'intention de Sa Majesté étant que les Commandans des Corps répondent personnellement des dettes qui seront contractées relativement à cet objet. Si au contraire il y a du revenant-bon, il appartiendra au Capitaine; & sur le compte qui en sera rendu à l'Inspecteur, il en ordonnera la main-levée au profit du Capitaine, après cependant que chaque régiment aura une année de Masse en caisse.

Masse pour les Recrues.

Il sera pareillement payé tous les mois cent soixante-six livres treize sols quatre deniers pour chacune des compagnies de Grenadiers & de Fusiliers, dont il sera fait une Masse, pour servir, tant à la levée des recrues, que pour le rengagement des anciens Soldats; laquelle Masse sera payée, avec la solde, ainsi que la Masse de l'habillement.

Il sera payé de plus à la fin de chaque mois, par forme de gratification, à chaque Capitaine vingt sols par homme, sur le pied complet, à tel nombre que se trouve sa compagnie à la revûe; au moyen de laquelle somme, le Capitaine sera chargé de la réparation des armes, de fournir de poudre à poudrer, de craie, &c. & de payer le Chirurgien de la compagnie, Sa Majesté voulant bien que ce Chirurgien soit compris dans le nombre des Soldats.

Sa Majesté voulant que le travail des Recrues en commun ne dispense pas les Capitaines de faire des recrues par eux-mêmes, son intention est que les hommes qu'ils feront leur soient payés sur l'ordre du Commandant du Corps, des fonds destinés aux recrues, & qu'il soit payé le 1.er janvier de chaque année à chaque Capitaine, une gratification de vingt livres pour chaque ancien Soldat qu'il aura rengagé par lui-même, & de dix livres pour chaque homme de recrue qu'il aura fait aussi lui-même; laquelle gratification lui sera payée par le Trésorier, sur le certificat du Commandant du Corps, visé par l'Inspecteur, qui en fera la vérification lors de sa revûe.

A l'égard des Capitaines de Grenadiers, quoiqu'ils

tirent leurs remplacemens des compagnies de Fusiliers, Sa Majesté leur fera payer le 1.er janvier de chaque année une gratification de trois cens livres.

Au moyen du traitement ci-dessus réglé, il ne sera payé aux régimens Allemands, ni argent d'étape aux recrues, ni payes de gratification, ni les gratifications dont les Officiers supérieurs jouissoient en vertu de leur charge; à la réserve des Majors des régimens conservés, qui continueront de jouir de la gratification annuelle attachée à leurs charges.

Régimens de Bouillon, Vierzet & Horion.

Solde de guerre.

Payes de gratification.

CEUX des régimens de Bouillon, créé sur le pied étranger, & d'Infanterie Liégeoise de Vierzet & d'Horion, qui ont été ou seront mis à la solde de guerre, en vertu des ordonnances particulières que Sa Majesté en a fait ou fera expédier, recevront cette solde, jusqu'à ce qu'Elle en ordonne autrement, sur le pied de quatorze livres dix sols par mois, par homme, & pour chacune des treize payes de gratification que Sa Majesté accorde à chaque Capitaine, sa compagnie étant complète au nombre de quatre-vingt-cinq hommes, neuf payes à quatre-vingt-trois, sept à quatre-vingt-un, cinq à quatre-vingt, & rien au dessous dudit nombre de quatre-vingts hommes.

Retenue pour le pain.

Chaque Capitaine doit entretenir & payer dans sa compagnie, un premier Sergent à treize sols par jour, deux autres Sergens à douze sols chacun, un Fourrier & un Capitaine d'armes à neuf sols chacun, un Fourrier-schutz à huit sols, trois Caporaux, un Charpentier de profession, & deux Tambours à sept sols chacun, six Anspessades & six Grenadiers à six sols chacun, & soixante-un Fusiliers à cinq sols six deniers chacun; sur laquelle solde il sera retenu à chaque compagnie, deux sols par ration de pain de munition qui leur sera fourni pendant la campagne seulement, les Officiers n'en devant point avoir.

État-major des régimens Allemands.

Les Officiers des compagnies & de l'État-major de chacun desdits régimens de Bouillon, Vierzet & d'Horion, continueront d'être payés de leurs appointemens,

en

en campagne, sur le pied réglé par l'ordonnance du 25 février 1760.

Appointemens conservés aux anciens Commandans des bataillons réformés.

Les Commandans des bataillons des régimens d'Infanterie allemande, qui ont été réformés en 1748 & 1749, & qui ont passé avec leur compagnie dans les bataillons restés sur pied, continueront de jouir, indépendamment de leur traitement de Capitaine, des mêmes appointemens de soixante livres par mois, qu'ils avoient en ladite qualité de Commandant de bataillon, & ce, jusqu'à ce qu'ils soient remplacés.

Colonels & Lieutenans-colonels réformés à la suite des régimens Allemands.

Les Colonels & Lieutenans-colonels réformés à la suite desdits régimens d'Infanterie allemande, seront payés, en servant en campagne & en passant présens aux revûes des Commissaires des guerres, sur le pied par mois, de cent livres à chaque Colonel, de quatre-vingt-trois livres six sols huit deniers à chaque Lieutenant-colonel; à l'exception de ceux desdits Colonels & Lieutenans-colonels auxquels il a été expédié des ordres par lesquels il leur est réglé un traitement particulier, dont ils continueront de jouir en campagne comme pendant l'hiver.

Capitaines réformés à la suite desdits régimens Allemands.

A l'égard des Capitaines réformés qui serviront en campagne à la suite desdits régimens, ils seront payés, à raison de cinquante livres par mois.

Royal-Italien & Royal-Corse.

Les régimens Royal-Italien & Royal-Corse, composés chacun de six cens quatre-vingt-cinq hommes, en neuf compagnies, dont une de Grenadiers de quarante-cinq hommes, & huit de Fusiliers de quatre-vingts hommes, seront payés en servant en campagne, savoir;

Compagnie de Grenadiers.

La compagnie de Grenadiers, sur le pied par jour, de cinq livres seize sols huit deniers au Capitaine, y compris deux livres seize sols huit deniers de supplément; deux livres seize sols huit deniers au Lieutenant, y compris vingt-quatre sols huit deniers de supplément; trente-trois sols quatre deniers au Lieutenant en second, y compris treize sols quatre deniers de supplément; quinze sols au premier Sergent, dont deux sols six deniers de supplément; onze sols à chacun des deux autres, dont deux sols fix deniers de fupplément; huit fols dix deniers à chacun des trois Caporaux, dont deux fols dix deniers de fupplément; fept fols cinq deniers à chacun des cinq Anfpeffades, dont deux fols cinq deniers de fupplément; fix fols à chacun des trente-trois Grenadiers, dont deux fols de fupplément; & fept fols cinq deniers au Tambour, dont deux fols cinq deniers de fupplément. Le Capitaine recevra de plus huit payes de gratification de huit fols chacune, dont deux de fupplément, fa compagnie étant complète de quarante-cinq hommes, & rien au deffous dudit nombre.

Payes de gratification.

Compagnies de Fufiliers.

Les huit compagnies de Fufiliers de chacun de ces deux régimens, feront payées en campagne fur le pied, favoir;

Chacun des deux Capitaines des deux premières compagnies, fur le pied par jour, de cinq livres, dont cinquante fols de fupplément.

Chacun des Capitaines des deux compagnies qui fuivent par leur rang, fur le pied par jour, de quatre livres dix fols, dont quarante fols de fupplément.

Et chacun des Capitaines des quatre dernières compagnies, fur le pied de quatre livres trois fols quatre deniers, dont trente-trois fols quatre deniers de fupplément.

Quant aux autres Officiers defdites compagnies de Fufiliers, ils feront payés fur le pied par jour, de cinquante fols au Capitaine en fecond, dont vingt fols de fupplément; trente-fix fols huit deniers au Lieutenant en premier, dont feize fols huit deniers de fupplément; vingt-fix fols huit deniers au Lieutenant en fecond, dont onze fols huit deniers de fupplément; quatorze fols au premier Sergent, dont deux fols de fupplément; dix fols à chacun des quatre autres, dont deux fols de fupplément; fept fols dix deniers à chacun des cinq Caporaux, dont deux fols de fupplément; fix fols cinq deniers à chacun des fept Anfpeffades, dont un fol onze deniers de fupplément; cinq fols fix deniers à chacun des quinze Appointés, dont un fol neuf deniers de fupplément; cinq fols à chacun des quarante-fix Fufiliers, dont un fol fix deniers de fupplément; & fix fols cinq deniers à chacun des deux Tambours, dont un fol onze deniers de fupplément.

Le Capitaine en pied recevra en outre douze payes de gratification de fept fols chacune, dont deux de fupplément, fa compagnie étant complète de quatre-vingts hommes, huit à foixante-dix-huit, fix à foixante-dix-fept, quatre à foixante-feize, deux à foixante-quinze, & rien au deffous dudit nombre de foixante-quinze hommes.

États-majors de Royal-Italien & Royal-Corfe.

L'État-major de chacun des régimens Royal-Italien & Royal-Corfe, fera payé fur le pied par jour, de vingt-neuf livres trois fols quatre deniers au Colonel, dont quatorze livres trois fols quatre deniers de fupplément; quinze livres feize fols huit deniers au Colonel-commandant du régiment Royal-Italien établi par ordonnance du 29 juin 1759, lequel ne doit point avoir de compagnie; dix livres à celui du régiment Royal-Corfe établi par ordonnance du 9 février dernier, indépendamment de fes appointemens de Capitaine, qu'il ne doit toucher que fur le pied de quatre livres trois fols quatre deniers par jour, quoique fa compagnie foit la première du régiment; onze livres trois fols quatre deniers au Lieutenant-colonel, dont cinq livres trois fols quatre deniers de fupplément, tant pour leurs appointemens en leurdite qualité qu'en celle de Capitaine, ne devant point avoir de compagnie; neuf livres trois fols quatre deniers au Major, dont quatre livres trois fols quatre deniers de fupplément; cinq livres à l'Interprète, trois livres dix fols à l'Aide-major, dont trente fols de fupplément; trente fols au Maréchal-des-logis, dont quinze fols de fupplément; quarante fols à l'Aumônier, dont vingt fols de fupplément; quinze fols au Chirurgien, dont fept fols fix deniers de fupplément; huit fols au Tambour-major, dont trois fols de fupplément; trente-deux fols au Prevôt, dont douze fols de fupplément; quatorze fols à fon Lieutenant, dont quatre fols de fupplément; huit fols fix deniers au Greffier, dont deux fols trois deniers de fupplément; & fix fols quatre deniers à chacun des cinq

Archers & à l'Exécuteur de justice, dont deux sols deux deniers de supplément.

Capitaines réformés du régiment Royal-Italien, qui ont eu Troupe.

Les deux derniers Capitaines du régiment Royal-Italien, qui, par sa nouvelle composition, se sont trouvés sans compagnie, & sont attachés aux premières compagnies de Fusiliers, où ils tiennent lieu de Capitaine en second, recevront, en servant en campagne, chacun quatre livres trois sols quatre deniers, dont trente-trois sols quatre deniers de supplément.

Capitaines en second ou réformés du régiment Royal-Italien.

Les Capitaines en second ou réformés, actuellement attachés audit régiment Royal-Italien, qui se trouveront d'excédant au nombre de huit Capitaines en second, ci-dessus employés aux compagnies de Fusiliers, y rempliront la troisième place d'Officier, sous le titre de second Capitaine en second, pour y tenir lieu de Lieutenant & en faire les fonctions, aux mêmes appointemens de cinquante sols par jour, ci-dessus réglés aux Capitaines en second; lesquelles places de seconds Capitaines en second, ne seront remplies, à mesure qu'elles deviendront vacantes, que par des Lieutenans, aux appointemens de trente-six sols huit deniers chacun par jour, pendant qu'ils serviront en campagne.

Commandans des second & troisième bataillons réformés de Royal-Italien.

Les Commandans des second & troisième bataillons réformés dudit régiment Royal-Italien, qui ont passé avec leur compagnie dans le bataillon resté sur pied, continueront de jouir, indépendamment de leurs appointemens ci-dessus de Capitaine, des quarante sols qu'ils avoient chacun par jour en ladite qualité de Commandant de bataillon, & ce, jusqu'à ce qu'ils soient nommés à un grade dont le traitement ne sera point inférieur.

Officiers réformés de Royal-Italien & Royal-Corse.

Les Officiers réformés qui auront ordre de servir à la suite des régimens Royal-Italien & Royal-Corse, seront payés en campagne sur le pied par jour, de trois livres à chaque Colonel, cinquante sols à chaque Lieutenant-colonel, trente sols à chaque Capitaine, & quinze sols à chaque Lieutenant.

Entend

Entend Sa Majesté que la retenue qui doit être faite de l'excédant de solde pour tenir lieu de Masse, & servir à l'habillement des Soldats des régimens Royal-Italien & Royal-Corse, reste entre les mains du Major de chaque régiment, pour être délivrée aux Capitaines, ainsi qu'il est réglé par l'ordonnance du 25 février dernier. *Retenue pour l'habillement des Soldats de Royal-Italien & Royal-Corse.*

LES régimens d'Infanterie irlandoise de Bulkeley, Clare, Dillon, Roothe & Berwick, & ceux d'Infanterie écossoise de Royal-Écossois & d'Ogilvy, composés chacun d'un bataillon de sept cens cinq hommes en treize compagnies, dont une de Grenadiers de quarante-cinq hommes, & douze de Fusiliers de cinquante-cinq hommes chacune, seront payés de leurs appointemens & solde, en servant en campagne, savoir; *RÉGIMENS IRLANDOIS & ÉCOSSOIS.*

La compagnie de Grenadiers, sur le pied par jour, de cinq livres seize sols huit deniers au Capitaine, y compris deux livres seize sols huit deniers de supplément; trois livres trois sols quatre deniers au Capitaine en second, dont treize sols quatre deniers de supplément; trois livres au Lieutenant, dont vingt-cinq sols de supplément; trente sols au Lieutenant en second, dont douze sols de supplément; seize sols au premier Sergent; douze sols au second, dont deux sols de supplément; neuf sols six deniers à chacun des trois Caporaux, dont deux sols six deniers de supplément; huit sols six deniers à chacun des trois Anspessades, dont deux sols de supplément; & sept sols six deniers à chacun des trente-six Grenadiers & au Tambour, dont un sol six deniers de supplément. Le Capitaine recevra de plus cinq payes de gratification de neuf sols six deniers chacune, dont deux de supplément, sa compagnie étant complète de quarante-cinq hommes, & rien au dessous dudit nombre. *Compagnie de Grenadiers.*

Les douze compagnies de Fusiliers de chacun desdits régimens, seront payées, savoir; *Compagnies de Fusiliers.*

Aux trois Capitaines des trois premières compagnies, sur le pied par jour, de cinq livres, dont cinquante sols de supplément.

Chacun des Capitaines des trois compagnies qui ſuivent par leur rang, ſur le pied par jour, de quatre livres dix ſols, dont quarante ſols de ſupplément.

Et chacun des Capitaines des ſix dernières compagnies, ſur le pied par jour, de quatre livres trois ſols quatre deniers, dont trente-trois ſols quatre deniers de ſupplément.

Quant aux autres Officiers deſdites compagnies, ils ſeront payés ſur le pied par jour, de cinquante ſols au Capitaine en ſecond, trente-ſix ſols huit deniers au Lieutenant, dont quatorze ſols deux deniers de ſupplément; vingt-ſix ſols huit deniers au Lieutenant en ſecond, dont huit ſols huit deniers de ſupplément; quinze ſols au premier Sergent, onze ſols à chacun des deux autres, dont deux ſols de ſupplément; huit ſols ſix deniers à chacun des quatre Caporaux, dont deux ſols de ſupplément; ſept ſols ſix deniers à chacun des quatre Anſpeſſades, dont un ſol ſix deniers de ſupplément; & ſix ſols ſix deniers à chacun des quarante-trois Fuſiliers & au Tambour, dont un ſol de ſupplément. Le Capitaine recevra de plus ſept payes de gratification de huit ſols ſix deniers chacune, dont deux de ſupplément, ſa compagnie étant complète de cinquante-cinq hommes; quatre à cinquante-quatre, trois à cinquante-trois, une à cinquante-deux, & rien au deſſous dudit nombre de cinquante-deux hommes.

Enſeignes.

Chacun des deux Enſeignes, pour porter les drapeaux qu'il y a dans chaque régiment d'Infanterie irlandoiſe & écoſſoiſe, recevra vingt-neuf ſols quatre deniers par jour, dont onze ſols quatre deniers de ſupplément.

États-majors des régimens de Bulkeley, Clare, Dillon, Roothe, Berwick, Royal-Écoſſois & Ogilvy.

L'État-major de chacun deſdits régimens de Bulkeley, Clare, Dillon, Roothe, Berwick, Royal-Ecoſſois & Ogilvy, ſera payé ſur le pied par jour, de dix-ſept livres dix ſols au Colonel, tant pour ſes appointemens en ladite qualité, que pour lui tenir lieu de ceux de Capitaine, ne devant point avoir de compagnie, dans leſquels appointemens eſt compris un ſupplément de huit livres ſix ſols huit deniers pour ceux des régimens de Bulkeley, Clare, Dillon, Royal-Écoſſois & Ogilvy, & de onze livres cinq ſols pour ceux des régimens de Roothe & Berwick ; onze livres un sol un denier un tiers au Lieutenant-colonel de chacun desdits régimens, aussi sans compagnie, dont cinq livres deux sols deux deniers deux tiers de supplément ; sept livres dix sols au Major, dont quatre livres trois sols quatre deniers de supplément ; cinquante-six sols huit deniers à l'Aide-major, y compris vingt-six sols huit deniers de supplément ; quarante sols à l'Aumônier, dont vingt sols de supplément ; trente sols au Chirurgien, dont quinze sols de supplément ; pareils trente sols au Maréchal-des-logis, dont quinze sols de supplément pour ceux des régimens de Bulkeley, Clare, Dillon, Royal-Écossois & Ogilvy ; & dix-sept sols six deniers pour ceux de Roothe & de Berwick ; cinq livres à l'Interprète de chacun desdits régimens, & pareilles cinq livres au second Interprète attaché au régiment Royal-Écossois par l'article III de l'ordonnance du 20 décembre 1748, concernant l'incorporation du régiment d'Albanie.

Prevôté des régimens de Roothe & Berwick.

La Prevôté qui est en chacun desdits régimens de Roothe & de Berwick, sera payée sur le pied par jour, de dix-huit sols huit deniers au Prevôt, dont cinq sols quatre deniers de supplément ; sept sols quatre deniers à son Lieutenant, dont huit deniers de supplément ; quatre sols quatre deniers au Greffier, dont deux deniers de supplément ; & trois sols à chacun des cinq Archers & à l'Exécuteur de Justice, dont six deniers de supplément.

Les Colonels & Lieutenans-colonels desdits sept régimens Irlandois & Écossois, continueront de jouir chacun de la pension attachée à leur charge ; au moyen de quoi, le Colonel de chaque régiment ne pourra rien retenir sur la solde & masse des Sergens, Caporaux, Anspessades, Grenadiers, Soldats & Tambours qui doivent recevoir leur paye entière, à la déduction seulement de ce qui sera mis à la Masse pour leur habillement.

Sa Majesté ayant jugé à propos de nommer le sieur de Sheldon Colonel en second du régiment de Dillon, son intention est qu'il soit payé de ses appointemens en campagne, en ladite qualité, sur le pied de cinq livres seize sols huit deniers par jour.

Cadets. Sa Majesté ayant bien voulu permettre qu'il soit entretenu douze Cadets dans chacun desdits régimens Irlandois & Écossois, qui tiendront lieu de pareil nombre de Soldats, son intention est que lesdits Cadets continuent de recevoir pendant la campagne, le supplément de paye de quatre sols six deniers par jour, qui leur est réglé par l'ordonnance du 25 février dernier, en passant présens aux revûes des Commissaires des guerres.

Officiers réformés à la suite des régimens Irlandois & Écossois. Les Officiers réformés qui auront ordre de servir en campagne à la suite desdits régimens Irlandois & Écossois, y seront payés de leurs appointemens, en passant présens aux revûes des Commissaires des guerres, sur le pied par jour, de trois livres à chaque Colonel, cinquante sols à chaque Lieutenant-colonel, quarante sols à chaque Capitaine, & dix-huit sols à chaque Lieutenant, indépendamment de ceux desdits Officiers réformés, qui se trouveront encore employés à la suite des régimens Royal-Écossois & d'Ogilvy, provenant de l'incorporation qui y a été faite de celui d'Albanie, lesquels seront payés en campagne, en passant présens aux revûes des Commissaires des guerres, sur le pied de cent vingt-cinq livres par mois au Lieutenant-colonel, cent vingt livres au Capitaine de Grenadiers, quatre-vingt-dix livres à chaque Capitaine & au Major, soixante-sept livres dix sols à chaque Capitaine en second, quatre-vingt-cinq livres au Lieutenant de Grenadiers, quarante-sept livres dix sols à chaque Lieutenant, y compris l'Aide-major, & de quarante livres à chaque Lieutenant en second réformé. A l'égard des Colonels & Lieutenans-colonels auxquels il auroit été réglé des appointemens différens de ceux ci-dessus fixés, ils continueront d'en jouir en conséquence des ordres particuliers qui leur ont été expédiés, à la déduction seulement de vingt-cinq livres par mois, lorsqu'ils serviront en campagne.

VII.

VII.

GENDARMERIE.

LES quatre compagnies des Gardes-du-corps de Sa Majesté (à l'exception des détachemens qui restent de service sur le Guet), continueront d'être payées en conséquence de ce qui est prescrit par l'ordonnance du 25 février 1760, attendu qu'elles ne servent point en campagne.

GARDES-DU-CORPS du ROI.

La compagnie de Grenadiers à cheval de Sa Majesté, continuera d'être payée en conséquence de ce qui est prescrit par l'ordonnance du 25 février 1760, attendu qu'elle ne sert point en campagne.

GRENADIERS à CHEVAL.

La Cornette de chacune des compagnies de Gendarmes & de Chevaux-légers de la garde de Sa Majesté, outre le pain & le fourrage qui lui seront fournis, en servant en campagne, sera payée sur le pied par jour, de quinze sols à chaque Brigadier, Sous-brigadier, Gendarme, Chevau-léger, Trompette & Timbalier, vingt sols à l'Aumônier, & dix sols à chacun des Petits-Officiers de chaque compagnie, servant à ladite Cornette. Les Officiers desdites compagnies continueront à être payés avec le Guet, de leurs appointemens ordinaires.

GENDARMES & CHEVAUX-LÉGERS de la GARDE du ROI.

Les détachemens des deux compagnies de Mousquetaires de la garde de Sa Majesté, outre le pain & le fourrage qui leur seront fournis en servant en campagne, seront payés sur le pied par jour, de vingt-trois sols à chaque Brigadier, dix-neuf sols à chaque Sous-brigadier, quinze sols à chaque Mousquetaire, vingt sols à l'Aumônier, douze sols à chaque Tambour, Chirurgien, Apothicaire, Fourrier, Sellier & Maréchal-ferrant, & cinquante sols à chaque Joueur de hautbois, Sa Majesté faisant payer d'ailleurs les Officiers de ces compagnies qui commandent lesdits détachemens.

MOUSQUETAIRES de la GARDE DU ROI.

Les Grands-officiers des dix compagnies de Gendarmes de la Gendarmerie, continueront à être payés suivant les

GENDARMERIE. Grands Officiers

des compagnies de Gendarmes.

états que Sa Majeſté ſera expédier; & les Maréchaux-des-logis, Brigadiers, Sous-brigadiers, Porte-étendards, Gendarmes & Trompettes, ſeront payés, en ſervant en campagne, ſur le même pied de ceux des compagnies de Chevaux-légers, ainſi qu'il eſt ci-après expliqué.

Compagnies de Gendarmes.

Compagnies de Chevaux-légers.

Chacune des ſix compagnies de Chevaux-légers de ladite Gendarmerie, compoſée d'un Capitaine-lieutenant, un Sous-lieutenant, deux Cornettes, quatre Maréchaux-des-logis, deux Brigadiers, deux Sous-brigadiers, un Porte-étendard, ſoixante-dix Chevaux-légers, & deux Trompettes, outre le pain & le fourrage qui leur ſeront fournis en ſervant en campagne, ſera payée ſur le pied par jour, de huit livres au Capitaine-lieutenant, dont cinq livres quinze ſols de ſupplément; cinquante ſols au Sous-lieutenant, dont trente-deux ſols de ſupplément; trente-cinq ſols à chaque Cornette, dont vingt-un ſols ſix deniers de ſupplément; quarante-cinq ſols à chaque Maréchal-des-logis, dont trente-ſix ſols de ſupplément; vingt-quatre ſols ſix deniers à chaque Brigadier & Sous-brigadier, dont dix-huit ſols ſix deniers de ſupplément; ſeize ſols quatre deniers au Porte-étendard, dont onze ſols quatre deniers de ſupplément; treize ſols à chaque Chevau-léger, dont neuf ſols de ſupplément; & vingt ſols à chaque Trompette, dont quatorze ſols ſix deniers de ſupplément.

Timbaliers & Aumôniers.

Il ſera auſſi payé par jour, vingt ſols à chacun des huit Timbaliers entretenus dans les huit premières compagnies, dont quatorze ſols ſix deniers de ſupplément, & trente ſols à chacun des deux Aumôniers qui ſont avec leſdites compagnies de Gendarmes & de Chevaux-légers.

État-major de la Gendarmerie.

Les Officiers de l'État-major de ladite Gendarmerie, étant payés de leurs appointemens à l'ordinaire des guerres, il n'en ſera point fait ici mention.

Supplément de paye aux Gendarmes & Chevaux-légers, pour tenir lieu de Maſſe.

Le ſupplément de paye que Sa Majeſté a accordé ſur le pied par jour, de deux ſols deux deniers, pour tenir lieu de Maſſe à chaque Gendarme & Chevau-léger ſeulement, des ſeize compagnies de la Gendarmerie, continuera de leur être payé pendant la campagne, indépendamment de la folde qui leur eft ci-deffus réglée.

VIII.

CAVALERIE, CARABINIERS, HUSSARDS & DRAGONS.

CAVALERIE FRANÇOISE. Compagnies.

CHAQUE compagnie des régimens de Cavalerie françoife, fervant en campagne, compofée de quarante Maîtres, fera payée fur le pied par jour, de quatre livres au Capitaine, dont trois livres deux fols de fupplément; quarante fols au Lieutenant, dont vingt-huit fols de fupplément; vingt-fept fols fix deniers au Cornette, dont dix-huit fols fix deniers de fupplément; vingt-un fols huit deniers au Maréchal-des-logis, dont quinze fols huit deniers de fupplément; dix fols au Fourrier, fix fols à chacun des deux Brigadiers, dont deux fols fix deniers de fupplément; & cinq fols à chacun des trente-fept Cavaliers, y compris le Trompette & le Timbalier où il doit y en avoir, dont deux fols de fupplément.

Sous-lieutenant & Cornettes en charge dans les régimens Colonel général, Meftre-de-camp général & Commiffaire général de la Cavalerie.

Le Sous-lieutenant qui eft dans la compagnie colonelle du Colonel général de la Cavalerie, le Cornette blanc qui eft dans ladite compagnie, & le Cornette qui eft en chacune des compagnies Meftre-de-camp des régimens du Meftre-de-camp général & du Commiffaire général de la Cavalerie, recevront leurs appointemens fur le pied par jour, de quarante fols au Sous-lieutenant, dont vingt-huit fols de fupplément; & de vingt-fept fols fix deniers au Cornette blanc & à chacun des deux autres, dont dix-huit fols fix deniers de fupplément.

État-major des trois premiers régimens de la Cavalerie.

Sa Majefté ayant confervé, par fes ordonnances des premier feptembre & 30 octobre 1748, les compagnies aux Meftres-de-camp des régimens du Colonel général, du Meftre-de-camp général & du Commiffaire général de la Cavalerie, l'État-major de chacun defdits trois régimens, fera payé fur le pied par jour, favoir; de quarante-quatre fols cinq deniers au Meftre-de-camp, outre fes appointemens de Capitaine, dont vingt-six sols cinq deniers de supplément; dix livres six sols huit deniers au Lieutenant-colonel, tant pour ses appointemens en ladite qualité, que pour lui tenir lieu de ceux de Capitaine, ne devant point avoir de compagnie, dont sept livres dix sols de supplément; cinq livres au Major, dont quatre livres deux sols de supplément; cinquante sols à l'Aide-major, dont trente-huit sols de supplément; trente sols à l'Aumônier, dont vingt-un sols de supplément; & treize sols six deniers au Chirurgien, dont quatre sols six deniers de supplément.

État-major des cinquante-deux autres régimens de Cavalerie françoise.

L'État-major de chacun des cinquante-deux autres régimens de Cavalerie françoise, sera payé à raison par jour, de cinq livres treize sols quatre deniers au Mestre-de-camp, dont trente-trois sols quatre deniers de supplément; & dix livres six sols huit deniers au Lieutenant-colonel, dont sept livres dix sols de supplément, tant pour leurs appointemens en leurdite qualité, que pour leur tenir lieu de ceux de Capitaine, ne devant point avoir de compagnie; cinq livres au Major, dont quatre livres deux sols de supplément; cinquante sols à l'Aide-major, dont trente-huit sols de supplément; trente sols à l'Aumônier, dont vingt-un sols de supplément; & treize sols six deniers au Chirurgien, dont quatre sols six deniers de supplément.

Capitaines réformés de Cavalerie françoise, dernière réforme.

Les Capitaines réformés de Cavalerie françoise, qui ont été entretenus à la suite des régimens, en conséquence des ordonnances des 1.er septembre, 30 octobre 1748 & 15 mars 1749, lesquels sont obligés de servir à leur corps toute l'année, au lieu de quatre mois auxquels ils étoient ci-devant assujétis, seront payés de leurs appointemens en campagne, sur le pied de cinquante sols par jour, dont vingt sols de supplément, en passant présens aux revûes des Commissaires des guerres.

Capitaines réformés de Cavalerie françoise, ancienne réforme.

Les Capitaines réformés qui étoient entretenus à la suite des régimens de Cavalerie françoise avant les ordonnances de réforme de 1748 & 1749, & qui se trouveront encore y exister, y exifter, feront payés de leurs appointemens en campagne, fur le pied de cinquante fols par jour, dont trente-cinq fols de fupplément, en paffant préfens aux revûes des Commiffaires des guerres.

Régiment des Carabiniers de M. le Comte de Provence.

CHACUNE des quarante compagnies qui compofent les cinq brigades du régiment des Carabiniers de M. le Comte de Provence, de trente-cinq Maîtres chacune, fera payée fur le pied par jour, de cinq livres au Capitaine, dont trois livres dix-huit fols de fupplément; cinquante fols au Lieutenant, dont trente-cinq fols de fupplément; trente-cinq fols au Cornette, dont vingt-trois fols de fupplément; vingt-cinq fols au Maréchal-des-logis, dont dix-fept fols de fupplément; onze fols fix deniers au Fourrier; fept fols à chacun des deux Brigadiers, dont deux fols fix deniers de fupplément, & fix fols à chacun des trente-deux Carabiniers, compris le Trompette & le Timbalier qui eft en chacune des cinq compagnies Meftre-de-camp, dont deux fols de fupplément.

État-major.

L'État-major dudit régiment, fera payé fur le pied par mois, de quatorze cens quatre-vingt-fix livres treize fols quatre deniers au Meftre-de-camp-lieutenant, indépendamment de fes appointemens de Capitaine, dont huit cens vingt livres en ladite qualité de Meftre-de-camp-lieutenant, & fix cens foixante-fix livres treize fols quatre deniers en celle d'Infpecteur dudit Corps; quatre cens foixante-dix livres au Major, & deux cens trente-cinq livres à l'Aide-major, établi par l'ordonnance du 27 avril 1759.

A l'égard de l'État-major de chacune des cinq brigades, il fera payé fur le pied par mois, de foixante-dix-fept livres quinze fols au Meftre-de-camp, cinquante-huit livres cinq fols au Lieutenant-colonel, outre leurs appointemens de Capitaine; cent trente-cinq livres à l'Aide-major, foixante-quinze livres au Sous-aide-major, quarante-cinq livres à l'Aumônier, dont trente livres de fupplément; & vingt-quatre livres cinq fols au Chirurgien, dont neuf livres cinq fols de fupplément.

Appointemens conservés aux Majors des brigades.

Sa Majesté ayant supprimé par son ordonnance particulière du 13 mai 1758, la majorité particulière de chaque brigade, & ordonné que les Officiers qui en étoient pourvûs passeroient à des compagnies; son intention est qu'ils jouissent, jusqu'à leur remplacement, de six livres d'appointemens par jour en campagne.

RÉGIMENT de CAVALERIE IRLANDOISE de FILTZJAMES. Compagnies.

CHACUNE des huit compagnies du régiment de Cavalerie irlandoise de Filtzjames, composée de quarante Maîtres, sera payée à raison par jour, de quatre livres au Capitaine, dont trente sols de supplément; quarante sols au Lieutenant, dont quinze sols de supplément; vingt-sept sols six deniers au Cornette, dont huit sols neuf deniers de supplément; vingt-un sols huit deniers au Maréchal-des-logis, dont huit sols quatre deniers de supplément; dix sols au Fourrier; huit sols à chacun des deux Brigadiers, dont deux sols de supplément; & sept sols à chacun des trente-sept Cavaliers, y compris le Trompette & le Timbalier où il doit y en avoir, dont un sol six deniers de supplément.

État-major.

L'État-major dudit régiment, sera payé sur le pied par jour, de cinq livres treize sols quatre deniers au Mestre-de-camp, dont trente-trois sols quatre deniers de supplément; dix livres six sols huit deniers au Lieutenant-colonel, dont sept livres dix sols de supplément, tant pour leurs appointemens en leurdite qualité, que pour leur tenir lieu de ceux de Capitaine, ne devant point avoir de compagnie; cinq livres au Major, dont quarante sols de supplément; cinquante sols à l'Aide-major, dont vingt sols de supplément; trente sols à l'Aumônier, dont quinze sols de supplément; & treize sols six deniers au Chirurgien, dont six sols six deniers de supplément.

Officiers réformés de Filtzjames.

Les Officiers réformés avec appointemens, tant des anciennes que des dernières réformes, qui sont à la suite dudit régiment, où ils doivent servir toute l'année, seront payés en campagne sur le pied par jour, de cinq livres deux sols trois deniers à chaque Mestre-de-camp, dont quarante-un sols trois deniers de supplément; trois livres trois sols quatre deniers à chaque Lieutenant-colonel, dont cinq sols de supplément; & trois livres à chaque Capitaine, dont vingt sols de supplément.

ROYAL-ALLEMAND. Compagnies.

CHACUNE des huit compagnies du régiment Royal-Allemand, composée de quarante Maîtres, sera payée sur le pied par jour, de cinq livres au Capitaine, dont quarante sols de supplément; cinquante sols au Lieutenant, dont vingt sols de supplément; trente-cinq sols au Cornette, dont douze sols six deniers de supplément; vingt-cinq sols au Maréchal-des-logis, dont dix sols de supplément; dix sols au Fourrier, sept sols à chacun des deux Brigadiers, dont deux sols six deniers de supplément; & cinq sols à chacun des trente-sept Cavaliers, y compris les Cadets, Trompettes & Timbalier où il doit y en avoir, dont un sol six deniers de supplément.

Cadets.

Il sera en outre payé un sol par jour à chaque Cadet qui passera en revûe dans le nombre desdits Cavaliers, sur le certificat du Commandant du régiment.

État-major.

L'État-major du régiment, sera payé à raison par jour, de six livres treize sols quatre deniers au Mestre-de-camp, dont trois livres six sols huit deniers de supplément; cinq livres au Lieutenant-colonel, dont cinquante sols de supplément, indépendamment de leurs appointemens de Capitaine; sept livres six sols huit deniers à chacun des deux Majors, dont trois livres trois sols quatre deniers de supplément; cinquante sols à chacun des deux Aides-majors, dont vingt-trois sols quatre deniers de supplément; seize sols huit deniers au Maréchal-des-logis, dont trois sols quatre deniers de supplément; vingt-trois sols quatre deniers au Prevôt, dont six sols huit deniers de supplément; vingt-un sols huit deniers à son Lieutenant, dont huit sols quatre deniers de supplément; quinze sols au Greffier, dont cinq sols de supplément; vingt-six sols huit deniers à chacun des Aumônier & Chirurgien, dont huit sols quatre deniers de supplément; & dix sols à chacun des quatre Archers & à l'Exécuteur de Justice, dont deux sols six deniers de supplément.

RÉGIMENS de WIRTEMBERG & de NASSAU-SAARBRUCK.

LES huit compagnies de chacun des régimens de Cavalerie allemande de Wirtemberg & de Naſſau-Saarbruck, compoſées de quarante Maîtres chacune, ſeront payées ſur le pied par jour, pour chaque compagnie, de cinq livres au Capitaine, dont quarante ſols de ſupplément; cinquante ſols au Lieutenant, dont vingt ſols de ſupplément; trente-cinq ſols au Cornette, dont douze ſols ſix deniers de ſupplément; vingt-un ſols huit deniers au Maréchal-des-logis, dont huit ſols quatre deniers de ſupplément; dix ſols au Fourrier; ſix ſols à chacun des deux Brigadiers, dont deux ſols de ſupplément; & cinq ſols à chacun des trente-ſept Cavaliers, y compris le Trompette & le Timbalier où il doit y en avoir, dont un ſol ſix deniers de ſupplément.

État-major du régiment de Wirtemberg.

L'État-major du régiment de Wirtemberg, ſera payé ſur le pied par jour, ſavoir; de trois livres ſix ſols huit deniers au Meſtre-de-camp, quarante ſols au Lieutenant-colonel, indépendamment de leurs appointemens de Capitaine; ſept livres dix ſols au Major, dont quarante ſols de ſupplément; cinquante ſols à l'Aide-major, treize ſols quatre deniers à chacun des Aumônier, Chirurgien & Auditeur, & ſept ſols ſix deniers à chacun des Greffier, trois Archers & un Exécuteur de Juſtice.

Le Comte de Roſen, Meſtre-de-camp en ſecond du régiment de Wirtemberg, & qui le commande en l'abſence du Prince de Wirtemberg, ſera payé de ſes appointemens, en campagne, ſur le pied de cinq livres treize ſols quatre deniers par jour, ne devant point avoir de compagnie.

État-major du régiment de Naſſau-Saarbruck.

L'État-major du régiment de Naſſau-Saarbruck, ſera payé à raiſon par jour, de trois livres ſix ſols huit deniers au Meſtre-de-camp, dont trente-trois ſols quatre deniers de ſupplément; quarante ſols au Lieutenant-colonel, dont vingt ſols de ſupplément, indépendamment de leurs appointemens de Capitaine; ſept livres dix ſols au Major, dont quatre livres trois ſols quatre deniers de ſupplément; cinquante ſols à l'Aide-major, dont vingt-trois ſols quatre deniers de ſupplément; & treize ſols quatre deniers à chacun

chacun des Aumônier & Chirurgien, dont quatre sols quatre deniers de supplément.

Officiers réformés à la suite des régimens Royal-Allemand, de Wirtemberg & de Nassau-Saarbruck.

Les Officiers réformés avec appointemens, tant des anciennes que des dernières réformes, entretenus à la suite desdits trois régimens de Cavalerie allemande où ils doivent servir toute l'année, seront payés en campagne sur le pied par jour, de quatre livres à chaque Mestre-de-camp, dont vingt sols de supplément; trois livres trois sols quatre deniers à chaque Lieutenant-colonel, dont trois sols quatre deniers de supplément; quarante-six sols huit deniers à chacun des Capitaines qui ont eu troupe, & qui proviennent de la dernière réforme, dont seize sols huit deniers de supplément; & quarante sols à chacun des autres, dont dix sols de supplément.

Régiment de Cavalerie liégeoise de Raugrave.

CHACUNE des huit compagnies du régiment de Cavalerie liégeoise de Raugrave, de quarante Maîtres chacune, sera payée en campagne, sur le pied par jour, de cinq livres au Capitaine, cinquante sols au Lieutenant, trente-cinq sols au Cornette, vingt-un sols huit deniers au Maréchal-des-logis, dix sols au Fourrier, sept sols à chaque Brigadier, & cinq sols à chaque Cavalier & au Trompette ou Timbalier où il doit y en avoir.

État-major.

L'État-major dudit régiment, sera payé sur le pied par jour, de douze livres six sols huit deniers au Mestre-de-camp, neuf livres au Lieutenant-colonel, tant pour leurs appointemens en ladite qualité, que pour leur tenir lieu de ceux de Capitaine, ne devant point avoir de compagnie; sept livres dix sols au Major, cinquante sols à l'Aide-major, trente sols à l'Aumônier, & treize sols quatre deniers au Chirurgien.

Capitaines réformés à la suite du régiment de Raugrave.

Les Capitaines réformés, qui étoient entretenus à la suite dudit régiment avant les augmentations ordonnées les 20 novembre 1756 & premier février 1758, & qui pourroient s'y trouver encore, n'ayant point été remplacés, seront payés en campagne, sur le pied de quarante sols chacun par jour.

Hussards.

CHACUN des deux régimens Hussards de Berchény &

Turpin, composés de neuf cens hommes, au moyen de l'incorporation qui y a été faite de celui de Polleresky, en conséquence de l'ordonnance du 5 mai 1758, formant six escadrons en douze compagnies de soixante-quinze hommes chacune, seront payés, savoir:

Compagnies. Chacune des douze compagnies par régiment, sur le pied par jour, de cinq livres au Capitaine, dont quarante sols de supplément; cinquante sols au premier Lieutenant, dont vingt sols de supplément; quarante sols au second Lieutenant, dont quinze sols de supplément; trente-cinq sols au Cornette, dont douze sols six deniers de supplément; vingt-un sols huit deniers à chacun des deux Maréchaux-des-logis, dont huit sols quatre deniers de supplément; dix sols au Fourrier, dont quatre sols de supplément; sept sols à chacun des six Brigadiers, dont deux sols six deniers de supplément; & cinq sols à chacun des soixante-huit Hussards, y compris le Trompette & le Timbalier, où il doit y en avoir, dont un sol six deniers de supplément.

État-major. L'État-major de chacun desdits régimens de Berchény & Turpin, sera payé sur le pied par jour, de douze livres six sols huit deniers au Mestre-de-camp, dont cinq livres treize sols quatre deniers de supplément; neuf livres au Lieutenant-colonel, dont quatre livres de supplément, tant pour leurs appointemens en leurdite qualité, que pour leur tenir lieu de ceux de Capitaine, ne devant être attachés à aucune compagnie; sept livres six sols huit deniers au Lieutenant-colonel en second, aussi sans compagnie, provenant de l'incorporation des régimens Hussards qui ont été supprimés, dont cinq livres treize sols quatre deniers de supplément; sept livres dix sols au Major, dont trois livres cinq sols de supplément; cinquante sols à chacun des deux Aides-major, dont vingt sols de supplément; trente sols à l'Aumônier, dont vingt-un sols de supplément; & treize sols quatre deniers au Chirurgien, dont quatre sols quatre deniers de supplément.

Capitaines en pied & Majors Les quatre Capitaines en pied & les trois Majors qui ont été réformés à l'incorporation des régimens de Lynden,

Beaufobre & Ferrary, & qui font actuellement entretenus en qualité de Capitaines réformés à la fuite des deux régimens Huffards qui font fur pied, jufqu'à leur remplacement à des compagnies vacantes, recevront en fervant en campagne, chacun quatre livres par jour, en paffant préfens aux revûes des Commiffaires des guerres.

réformés à l'incorporation des régimens Huffards qui ont été fupprimés.

Les Capitaines réformés qui étoient à la fuite des régimens d'Huffards de Lynden, Beaufobre & Ferrary, avant l'incorporation, & qui ont été diftribués dans Berchény & Turpin, & ceux du même grade qui fe font trouvés attachés à ces deux derniers régimens, lors de ladite incorporation, feront payés en campagne, à raifon chacun de quarante fols par jour, en paffant préfens aux revûes.

Capitaines réformés aux régimens d'Huffards, autres que ceux ci-deffus.

A l'égard des Officiers réformés qui étoient à la fuite dudit régiment de Polleresky, & qui ont paffé à la fuite des régimens de Berchény & de Turpin, ils recevront le même traitement que ceux attachés à ces deux régimens.

Officiers réformés dudit régiment.

L'intention de Sa Majefté eft que les Lieutenans, Lieutenans en fecond ou Cornettes des régimens Huffards de Berchény & de Turpin, qui font ou pourront être prifonniers de guerre, foient remplacés par d'autres Officiers qui feront nommés à leurs charges en attendant leur échange, après lequel ils reprendront leurs emplois, & que les Lieutenans, Lieutenans en fecond ou Cornettes qui remplaceront les prifonniers de guerre foient payés des mêmes appointemens dont jouiffent les Officiers en pied; & qu'après le retour des Officiers prifonniers de guerre, ils continuent de fervir à la fuite defdits régimens jufqu'à ce qu'ils aient été remplacés aux premiers emplois vacans, voulant Sa Majefté qu'il ne foit nommé aucun Officier nouveau que ceux-ci n'aient été remplacés.

Officiers prifonniers de guerre des régimens d'Huffards.

Les deux Corps de Chaffeurs à pied, créés par ordonnance du 4 janvier 1760, pour être attachés aux régimens de Berchény & de Turpin, compofés chacun de quatre cens foixante hommes en cinq compagnies, dont une de Grenadiers de foixante hommes, & quatre de Fufiliers de cent hommes chacune, feront payés, favoir;

Corps de Chasseurs a pied, attachés aux régimens d'Huffards de Berchény & de Turpin.

Compagnies de Grenadiers. Chaque compagnie de Grenadiers de ces deux Corps, composée d'un Capitaine, un Lieutenant, un Sous-lieutenant, trois Sergens, quatre Caporaux, quatre Anspessades, quarante-huit Grenadiers & un Tambour, sur le pied par jour, de six livres treize sols quatre deniers au Capitaine, cinquante sols au Lieutenant, trente-trois sols quatre deniers au Sous-lieutenant, douze sols quatre deniers à chacun des trois Sergens, huit sols huit deniers à chacun des quatre Caporaux, sept sols huit deniers à chacun des quatre Anspessades, six sols huit deniers à chacun des quarante-huit Grenadiers & au Tambour.

Payes de gratification. Le Capitaine recevra de plus six payes de gratification de six sols huit deniers chacune, sa compagnie étant complète de soixante hommes, cinq à cinquante-huit & cinquante-neuf, trois à cinquante-six & cinquante-sept, & aucune au dessous dudit nombre de cinquante-six.

Compagnies de Fusiliers. Chaque compagnie de Fusiliers, composée d'un Capitaine, un Lieutenant, un Sous-lieutenant, quatre Sergens, six Caporaux, six Anspessades, quatre-vingt-deux Fusiliers & deux Tambours, sur le pied par jour, de six livres au Capitaine, quarante sols au Lieutenant, trente sols au Sous-lieutenant, onze sols quatre deniers à chaque Sergent, sept sols huit deniers à chaque Caporal, six sols huit deniers à chaque Anspessade, & cinq sols huit deniers à chaque Fusilier & Tambour.

Payes de gratification. Le Capitaine recevra de plus neuf payes de gratification de cinq sols huit deniers chacune, sa compagnie étant complète à cent hommes, sept à quatre-vingt-dix-huit & quatre-vingt-dix-neuf, cinq à quatre-vingt-seize & quatre-vingt-dix-sept, trois à quatre-vingt-quatorze & quatre-vingt-quinze, & aucune au dessous dudit nombre de quatre-vingt-quatorze.

État-major. L'État-major de chacun desdits deux Corps, composé d'un Lieutenant-colonel commandant sous l'autorité du Mestre-de-camp du régiment d'Hussards auquel il est attaché, d'un Aide-major, sera payé à raison de dix livres au au Lieutenant-colonel, qui n'aura point de compagnie, & de trois livres ſix ſols huit deniers à l'Aide-major.

Les Officiers de ces deux corps auront la fourniture du pain de munition *gratis* pendant la campagne.

Et les Sergens & Soldats auront du pain & de la viande; mais il leur ſera retenu ſur leur ſolde deux ſols pour chaque ration de pain, & auſſi deux ſols pour chaque livre de viande.

Veut Sa Majeſté que la Maſſe deſdits Corps ſoit payée ſur le pied complet, comme il eſt réglé à l'Infanterie françoiſe. *Masse.*

Le régiment Royal-Naſſau, de Cavalerie légère Allemande, porté par ordonnance du 14 juin 1758, à quatre eſcadrons, de cent cinquante hommes chacun, en huit compagnies de ſoixante-quinze hommes chacune, ſera payé en campagne, ſavoir; *Régiment Royal-Nassau de Cavalerie légère Allemande.*

Chacune des huit compagnies, ſur le pied par jour, de cinq livres au Capitaine, cinquante ſols au Lieutenant en premier, quarante ſols au Lieutenant en ſecond, trente-cinq ſols au Cornette, vingt-un ſols huit deniers à chacun des deux Maréchaux-des-logis, dix ſols au Fourrier, ſept ſols à chacun des ſix Brigadiers, & cinq ſols à chacun des ſoixante-ſept Cavaliers & au Trompette ou Timbalier. *Compagnies.*

L'État-major dudit régiment, ſera payé ſur le pied par jour, de trois livres ſix ſols huit deniers au Meſtre-de-camp-lieutenant, indépendamment de ſes appointemens de Capitaine de la première compagnie; neuf livres au Lieutenant-colonel, tant pour ſes appointemens en cette qualité, que pour lui tenir lieu de ceux de Capitaine, ne devant point avoir de compagnie; ſept livres dix ſols au Major, cinquante ſols à l'Aide-major, trente ſols à l'Aumônier, treize ſols quatre deniers au Chirurgien, & dix ſols au Prevôt. *État-major.*

Chacun des ſeize régimens de Dragons, mis par ordonnance du 18 août 1755, à quatre eſcadrons de cent ſoixante hommes chacun, en quatre compagnies *Dragons.*

de quarante Dragons montés, faifant en total fix cens quarante hommes par régiment, fera payé, favoir;

Compagnies. Chacune des feize compagnies par régiment, compofée de quarante hommes, fur le pied par jour, de trois livres dix fols au Capitaine, dont cinquante-cinq fols de fupplément; trente fols au Lieutenant, dont vingt fols de fupplément; vingt fols au Cornette, dont quatorze fols de fupplément; quinze fols au Maréchal-des-logis, dont dix fols de fupplément; huit fols fix deniers au Fourrier, cinq fols fix deniers à chacun des deux Brigadiers, dont deux fols fix deniers de fupplément; & quatre fols fix deniers à chaque Dragon & au Tambour, dont deux fols de fupplément.

Sous-lieutenant & Cornette en charge dans les deux premiers régimens de Dragons. Le Sous-lieutenant & le Cornette, entretenus dans la compagnie Générale du régiment du Colonel général des Dragons, & le Cornette auffi entretenu dans la compagnie Meftre-de-camp du régiment Meftre-de-camp général, feront payés, à raifon par jour, de vingt-trois fols quatre deniers au Sous-lieutenant, dont quinze fols quatre deniers de fupplément; & de vingt fols à chaque Cornette, dont quatorze fols de fupplément.

État-major. L'État-major de chaque régiment de Dragons, fera payé fur le pied par jour, de neuf livres au Meftre-de-camp, dont fept livres fix fols huit deniers de fupplément; fept livres fix fols huit deniers au Lieutenant-colonel, dont deux livres quinze fols de fupplément, tant pour leurs appointemens en leurdite qualité que pour leur tenir lieu de ceux de Capitaine, ne devant point avoir de compagnie; quatre livres au Major, dont trois livres cinq fols de fupplément; cinquante fols à chacun des premier & fecond Aide-major, dont quarante fols de fupplément; & trente fols à l'Aumônier, dont vingt-un fols de fupplément.

Meftre-de-camp en fecond du régiment de Dragons d'Orléans. Le S.r marquis de Pons, Meftre-de-camp-lieutenant en fecond du régiment de Dragons d'Orléans, fera payé de fes appointemens en ladite qualité en campagne, fur le pied de cent trente-fix livres treize fols quatre deniers par mois, en paſſant préſent aux revûes des Commiſſaires des guerres.

Colonel-général & Meſtre-de-camp général, qui conſervent leur compagnie.

Le Colonel-général & le Meſtre-de-camp général des Dragons, auxquels Sa Majeſté a conſervé leur compagnie, continueront de recevoir en campagne, indépendamment de leurs appointemens de Capitaine, les dix livres par jour qui leur ſont attribuées en qualité de Meſtre-de-camp, par l'ordonnance de Solde d'hiver.

Anciens Commandans des compagnies à pied de Dragons.

Le Capitaine qui commandoit les quatre compagnies à pied de chaque régiment de Dragons, & qui a paſſé à une compagnie, continuera de recevoir, indépendamment de ſes appointemens de Capitaine, deux livres trois ſols quatre deniers par jour, à titre de ſupplément d'appointemens, juſqu'à ce qu'il paſſe à un autre grade dont le traitement ne ſera point inférieur; & celui qui lui ſuccédera à ſa compagnie, ne recevra que les appointemens ordinaires de Capitaine.

Le S.r Lemaire, qui a eu pendant la dernière guerre une commiſſion de Capitaine pour commander la compagnie de Caſtellanne, dans le régiment de Dragons d'Orléans, pendant l'abſence du Capitaine titulaire, ſera payé de ſes appointemens en campagne, ſur le pied de quarante ſols par jour, en paſſant préſent aux revûes des Commiſſaires des guerres.

Officiers réformés à la ſuite des régimens de Dragons.

Les Officiers réformés avec appointemens, qui auront ordre de ſervir à la ſuite des régimens de Dragons, ſeront payés en campagne, ſur le pied qui leur a été réglé pendant l'hiver, à la déduction de trente livres par mois pour chaque Meſtre-de-camp, Lieutenant-colonel & Capitaine, & de quinze livres pour chaque Lieutenant.

Volontaires de Schomberg.

Le régiment de Cavalerie légère des Volontaires de Schomberg, porté par ordonnance du premier février 1758, à quatre cens quatre-vingts hommes, en ſix brigades de quatre-vingts hommes montés chacune, ſera payé, ſavoir;

Brigades.

Chacune des ſix brigades, ſur le pied par jour, de

treize livres au Capitaine, y compris vingt ſols de ſupplément; quatre livres ſeize ſols huit deniers au Capitaine en ſecond, trois livres ſix ſols huit deniers au Lieutenant en premier, deux livres treize ſols quatre deniers au Lieutenant en ſecond, quarante-cinq ſols au Cornette, trente ſols à chacun des deux Maréchaux-des-logis, dix ſols ſix deniers à chacun des deux Fourriers, huit ſols à chacun des quatre Brigadiers, ſept ſols à chacun des quatre Sous-brigadiers, ſix ſols à chacun des ſoixante-huit Volontaires, & dix ſols à chaque Trompette.

État-major.

L'État-major dudit régiment, ſera payé ſur le pied par jour, de trente-neuf livres ſix ſols huit deniers au Meſtre-de-camp, qui n'aura point de compagnie; treize livres au Major, cinq livres dix ſols à l'Aide-major, quarante-trois ſols quatre deniers à l'Auditeur, pareils quarante-trois ſols quatre deniers à l'Aumônier, trois livres au Chirurgien-major, trente ſols au Maréchal-des-logis tenant lieu de Fourrier, quarante ſols au Prevôt, & pareils quarante ſols au Timbalier & à chacun des quatre Hautbois, vingt-ſix ſols huit deniers au Maître charpentier, & vingt-trois ſols quatre deniers à chacun des ſix Charpentiers.

Appointemens du Lieutenant-colonel du régiment de Schomberg.

Sa Majeſté ayant jugé à propos de régler, par une déciſion particulière du 16 mars 1757, qu'à compter dudit jour il ſeroit retenu en faveur & pendant la vie du S.r le Fort, ci-devant Lieutenant-colonel du régiment des Volontaires de Schomberg, la ſomme de trois mille livres par an ſur les appointemens de la lieutenance-colonelle; Elle auroit conſenti en même temps à ce que le S.r de Cholet, qui lui a ſuccédé dans cette charge, conſervât la brigade qu'il avoit dans ledit régiment; à l'effet de quoi Elle ordonne que cette ſomme de trois mille livres ſera prélevée ſur les ſix mille deux cens quarante livres d'appointemens par an attachées à ladite charge de Lieutenant-colonel, & payée à compter dudit jour 16 mars 1757 au S.r le Fort, ſur les ordres particuliers que Sa Majeſté fera expédier à cet effet, & que tant que cette retenue aura lieu, ledit S.r de Cholet ne reçoive que neuf

neuf livres par jour pour ſes appointemens de Lieutenant-colonel, indépendamment de ſon traitement de Capitaine Chef de brigade, dont lui & ſes ſucceſſeurs en ladite charge de Lieutenant-colonel jouiront juſqu'à ce que ladite retenue ceſſe; ſon intention étant qu'alors leſdits appointemens ſoient rétablis à dix-ſept livres ſix ſols huit deniers par jour, & que ceux qui rempliront cette charge les reçoivent ſur ce pied, en obſervant qu'ils ne devront plus avoir de brigade, conformément à l'ordonnance du 8 janvier 1751.

Pour le payement de la ſolde ſans aucune retenue.

Au moyen du traitement réglé ci-deſſus aux Capitaines Chefs de brigade, Sa Majeſté entend qu'ils ne puiſſent rien retenir ſur la ſolde des Brigadiers, Sous-brigadiers, Trompettes & Volontaires, ſoit pour le ferrage des chevaux ou quelque autre choſe que ce ſoit, qui demeurera à la charge deſdits Capitaines: Ordonne Sa Majeſté qu'ils ſoient tenus de fournir par année, à chacun des hommes de leur brigade, une paire de ſouliers, deux chemiſes, un col, & ce qu'il a été d'uſage juſqu'à préſent de leur donner, indépendamment de leur ſolde.

I X.

Supplément de paye à quatre Carabiniers dans chacune des compagnies de Cavalerie, & aux quatre plus anciens Dragons par compagnie.

VEUT Sa Majeſté que les quatre Carabiniers qui ſont en chacune des compagnies des cinquante-cinq régimens de Cavalerie françoiſe & des régimens étrangers de Filtzjames, Royal-Allemand, Wirtemberg, Naſſau-Saarbruck & Raugrave, les quatre plus anciens Carabiniers de chacune des compagnies des cinq brigades du régiment des Carabiniers de M. le Comte de Provence, & les quatre plus anciens Dragons de chaque compagnie continuent de jouir, pendant la campagne, du ſupplément de paye de ſix deniers par jour, qui leur a été réglé par l'ordonnance de ſolde du 25 février 1758.

X.

Maſſe de la Cavalerie & des Dragons.

OUTRE la ſolde ci-deſſus de la Cavalerie françoiſe & étrangère & des Dragons, il ſera payé douze deniers par jour pour chaque Fourrier, Brigadier, Cavalier, Carabinier, Huſſard, Volontaire, Dragon, Trompette, Timbalier & Tambour, pour former une Maſſe toûjours complète par année, dont le fonds reſtera entre les mains du Tréſorier général de l'extraordinaire des guerres, pour être délivré & employé à la fin de chaque année, ainſi qu'il eſt réglé par l'ordonnance de ſolde du 25 février dernier.

Pour le payement de la ſolde ſans retenue pendant la campagne.

L'intention de Sa Majeſté eſt que ce qui eſt ci-deſſus réglé pour les Gardes, Gendarmes, Chevaux-légers, Mouſquetaires & Grenadiers à cheval, & pour les Sergens, Soldats, Gendarmes & Chevaux-légers de la Gendarmerie, Cavaliers, Carabiniers, Huſſards & Dragons des troupes tant françoiſes qu'étrangères, pendant qu'elles ſe trouveront en campagne, leur ſoit entièrement payé, ſans que les Capitaines puiſſent en rien retenir, ſous quelque prétexte que ce puiſſe être; au moyen de quoi, Sa Majeſté veut & entend que la retenue qu'Elle a preſcrite, d'un ſol par jour ſur celle de chaque Cavalier, Carabinier, Huſſard & Dragon, pour reſter entre les mains du Major, Aide-major ou autre Officier chargé du détail de chaque Corps, pour leur être délivré tous les trois mois, après que ledit Officier-major aura examiné s'ils ſont fournis de linge, culotte, bas & ſouliers, n'ait lieu en temps de guerre, que pendant les ſix mois d'hiver, & juſqu'au temps que les régimens qui ſeront deſtinés à ſervir en campagne y entreront.

Pour le traitement des troupes dans les garniſons pendant la campagne.

Comme quelques-uns des régimens deſtinés à ſervir dans les Armées, pourroient demeurer dans les Places pendant une partie de la campagne, Sa Majeſté entend qu'ils y ſoient payés de leur ſolde d'hiver en conformité de l'ordonnance du 25 février dernier, que le pain ſoit fourni aux Sergens, Soldats, Cavaliers, Carabiniers, Huſſards, Dragons, Trompettes, Timbaliers & Tambours, & qu'il ſoit retenu ſur leur ſolde deux ſols pour chaque ration.

X I.

Pain de munition aux Troupes.

Composition de la ration.

POUR les Sergens, Cadets, Fourriers, Capitaines-d'armes, Caporaux, Anspessades, Canonniers, Charpentiers, Ouvriers, Bombardiers, Sappeurs, Mineurs, Grenadiers, Fusiliers, Chasseurs, Fifres, Tambourins, Tambours, Brigadiers, Cavaliers, Hussards, Dragons, Trompettes, Timbaliers & Hautbois, la ration sera de vingt-huit onces, cuit & rassis; & pour les Officiers de ses troupes, comme par le passé, sur le pied de vingt-quatre onces, conformément à l'ordonnance du premier mai 1758.

Sa Majesté voulant régler les quantités de rations de pain de munition qui seront fournies aux Troupes destinées à servir dans ses Armées pendant la campagne, Elle ordonne que cette fourniture leur soit faite sur le pied ci-après,

SAVOIR:

rations.

GARDES-FRANÇOISES. Compagnies de Grenadiers.

A chaque compagnie de Grenadiers du régiment des Gardes-françoises, qui servira en campagne, composée de cent quatre Grenadiers qui auront chacun une ration, & de six Sergens qui auront chacun deux rations, la quantité de cent seize rations de pain de munition par jour (les Officiers n'en devant point avoir), ci . . . 116.

Compagnies de Fusiliers.

A chaque compagnie de Fusiliers dudit régiment des Gardes-françoises, qui servira en campagne, composée de cent trente-quatre Fusiliers qui auront chacun une ration, & de six Sergens qui auront chacun deux rations, la quantité de cent quarante-six rations de pain par jour (les Officiers n'en devant point avoir), ci . . . . 146.

GARDES-SUISSES. Compagnies.

A chacune des compagnies du régiment des Gardes-suisses, qui servira en campagne, composée de deux cens hommes, les Officiers compris, la quantité de deux cens rations par jour, ci . . . . 200.

Retenue pour le pain de munition des Gardes-françoises & Suisses.

Pour lequel pain de munition ci-dessus réglé pour les compagnies de Grenadiers & de Fusiliers du régiment des Gardes-françoises, & compagnies du régiment des

Gardes-suisses, il sera retenu sur la solde desdites compagnies, deux sols par ration de pain qui leur sera fournie, conformément au nombre d'hommes qui seront employés dans les revûes des Commissaires des guerres préposés à cet effet.

INFANTERIE FRANÇOISE, CORPS des GRENADIERS de FRANCE, CORPS ROYAL de l'ARTILLERIE, COMPAGNIES d'OUVRIERS & de MINEURS, INFANTERIE ITALIENNE, IRLANDOISE & ÉCOSSOISE, & les régimens ROYAL-LORRAINE & ROYAL-BARROIS. Compagnies.

Il sera fourni du pain de munition aux Officiers & Soldats des régimens d'Infanterie françoise, du Corps des Grenadiers de France, des six brigades du Corps royal de l'Artillerie, des six compagnies d'Ouvriers & six compagnies de Mineurs; & des régimens d'Infanterie Italienne, Irlandoise & Écossoise, & les régimens Royal-Lorraine & Royal-Barrois, lorsqu'ils serviront en campagne, sur le pied par jour, savoir;

	rations.
A chaque Capitaine en pied, six rations, ci	6.
A chaque Capitaine en second, ci-devant en pied, provenant de la réforme de 1748, & qui tiennent lieu de Lieutenant dans les compagnies, pareil nombre de six rations, ci	6.
A chaque Capitaine en second des régimens Royal-Lorraine & Royal-Barrois, du Corps royal de l'Artillerie, des Ouvriers & Mineurs, des régimens Royal-Italien & Royal-Corse, & des régimens Irlandois & Écossois, la quantité de cinq rations, ci	5.
A chaque Lieutenant des compagnies d'Infanterie françoise, des régimens Royal-Italien & Royal-Corse, des régimens Irlandois & Écossois, & les premiers Lieutenans en second & Lieutenans en troisième des compagnies du Corps royal de l'Artillerie, & des compagnies d'Ouvriers & de Mineurs, la quantité de quatre rations, ci	4.
A chaque second Capitaine en second du régiment Royal-Italien, qui fait les fonctions de Lieutenant, pareille quantité de quatre rations, ci	4.
A chaque Lieutenant en second, Sous-lieutenant & Enseigne, trois rations, ci	3.
A chaque Lieutenant en second & Sous-lieutenant sans appointemens qui servent dans le régiment du Roi, trois rations, ci	3.

A chaque

rations.

A chaque Sergent d'Infanterie, Maître-ouvrier, ou Maître-batelier, deux rations, ci . . . . 2.

A chaque Caporal, Anspessade, Sous-maître-ouvrier, Grenadier, Appointé, Fusilier, Sappeur, Canonnier, Bombardier, Mineur, Ouvrier, Apprentif & Tambour, une ration, ci . . . . 1.

A chacun des trois cens quarante Surnuméraires qui sont entretenus au-delà du complet, dans le régiment d'Infanterie de Sa Majesté, à raison de cinq hommes par compagnie, une ration, ci . . . . 1.

Surnuméraires du régiment du Roi.

Les Officiers de l'État-major de chacun des régimens d'Infanterie Françoise, Italienne & Écossoise, & de chacune des six brigades du Corps royal de l'Artillerie, & des régimens Royal-Lorraine & Royal-Barrois, en servant en campagne, recevront le pain de munition sur le pied par jour, savoir ;

États-majors de l'Infanterie Françoise, &c.

A chaque Colonel, sans compagnie, des régimens d'Infanterie, & Chef de brigade de Royal-Artillerie, dix-huit rations, ci . . . . 18.

A chaque Colonel du Corps royal de l'Artillerie, seize rations, ci . . . . 16.

Au Colonel en second du régiment des Gardes de Lorraine, & au Colonel commandant du régiment de Royal-Italien, quatorze rations, ci . . . . 14.

Au Colonel commandant du régiment Royal-Corse, qui a compagnie, huit rations, ci . . . . 8.

A chaque Lieutenant-colonel, sans compagnie, dix rations, ci . . . . 10.

A chaque Commandant des second, troisième & quatrième bataillons d'Infanterie Françoise, huit rations, ci . . . . 8.

Au premier Capitaine commandant les six compagnies de Mineurs, huit rations, ci . . . . 8.

Au premier Capitaine en second de la première compagnie de Mineurs, six rations, ci . . . . 6.

A chaque Major, six rations, ci . . . . 6.

A chaque Aide-major, & à chacun des six Sous-aides-major du Corps royal de l'Artillerie, quatre rations, ci... 4.

rations.

A chaque Garçon-major du Corps royal de l'Artillerie, trois rations, ci . . . . 3.

A chaque Maréchal-des-logis, trois rations, ci . . . . . . 3.

A chaque Aumônier & Chirurgien, deux rations, ci . . . 2.

Au Tambour-major de chacun des régimens Royal-Italien & Royal-Corse, une ration, ci . . . . 1.

Colonel-lieutenant du régiment du Roi. Au Colonel-lieutenant du régiment d'Infanterie de Sa Majesté, auquel la compagnie a été conservée, douze rations de pain par jour, outre celles qui lui sont attribuées comme Capitaine, ci . . . . 12.

Maîtres à enseigner du régiment du Roi. Aux quatre Maîtres, pour enseigner, du régiment d'Infanterie de Sa Majesté, la quantité de seize rations, à raison de quatre rations à chacun, ci . . . . 16.

Prevôtés. La Prevôté de chacun des régimens d'Infanterie Françoise où il y en a, de Royal-Italien, Royal-Corse & de Rooth & Berwick Irlandois, aura du pain de munition en servant en campagne, sur le pied par jour, savoir;

Au Prevôt, quatre rations, ci . . . . 4.

A son Lieutenant, trois rations, ci . . . . 3.

Au Greffier, deux rations, ci . . . . 2.

A chacun des cinq Archers & à l'Exécuteur de Justice, une ration, ci . . . . 1.

État-major. L'État-major du Corps des Grenadiers de France, recevra le pain de munition, en servant en campagne, sur le pied par jour, savoir;

A l'Inspecteur commandant en chef, vingt-quatre rations, ci . . . . 24.

Au Commandant en second du corps, dix-huit rations, ci . . . . 18.

A chaque Colonel attaché au corps, qui servira en campagne, seize rations, ci . . . . 16.

A chaque Lieutenant-colonel, dix rations, ci . . . . 10.

Au Major du corps, dix-huit rations, ci . . . . 18.

A l'Aide-major dudit corps, huit rations, ci . . . . . . 8.

A chacun des quatre Aides-major de brigade, six rations, ci . . . . 6.

rations.

A chacun des quatre Sous-aides-major de brigade, quatre rations, ci . . . . 4.

Au Tambour-major & au Fifre desdits Grenadiers de France, chacun une ration, ci . . . . 1.

Les Officiers réformés d'Infanterie Françoise, Italienne, Irlandoise & Écossoise, qui serviront en campagne à la suite desdits régimens, recevront le pain de munition sur le pied par jour, savoir;

Officiers réformés d'Infanterie.

A chaque Colonel & Lieutenant-colonel, six rations, ci . . 6.

A chaque Capitaine, quatre rations, ci . . . . 4.

A chaque Lieutenant, deux rations, ci . . . . 2.

Les compagnies des régimens de Grenadiers-royaux, qui serviront en campagne, & celles des bataillons de Milice qui camperont, auront du pain de munition sur le pied par jour, savoir;

MILICE & RÉGIMENS des GRENADIERS-ROYAUX.

A chaque Sergent, deux rations, ci . . . . 2.

A chaque Caporal, Anspessade, Grenadier, Grenadier-postiche, Fusilier & Tambour, une ration, ci . . . . . 1.

Sa Majesté veut bien accorder aux Officiers des régimens de Grenadiers-royaux, qui servent en campagne, & aux Officiers des bataillons de Milice qui camperont, la fourniture du pain de munition *gratis*, suivant leur grade, aux mêmes quantités de rations ci-dessus réglées pour les Officiers de l'Infanterie françoise: A l'égard des Officiers des bataillons de Milice employés dans les communications à l'armée, ils auront la liberté de prendre du pain de munition, comme par le passé; mais il sera retenu sur leurs appointemens, deux sols pour chaque ration de pain qui leur sera fournie.

Pain des Officiers de Grenadiers-royaux.

A l'égard des Sergens & Soldats des bataillons de Milices qui sont employés dans les communications à l'armée, comme ils sont à la solde de garnison, il leur sera aussi retenu deux sols pour chaque ration de pain.

TROUPES-LÉGÈRES.

Sa Majesté veut bien aussi accorder la fourniture du pain de munition *gratis* aux Officiers d'Infanterie, Cavalerie, Hussards & Dragons des Troupes légères qui servent dans ses armées, laquelle fourniture leur sera faite sur le pied par jour ainsi qu'il est expliqué ci-après.

RÉGIMENT des VOLONTAIRES de FLANDRE, du HAYNAULT, DAUPHINÉ, de CLERMONT & d'AUSTRASIE.

COMPAGNIES DE GRENADIERS & DE FUSILIERS.

	rations.
A chaque Capitaine, six rations, ci	6.
A chaque Lieutenant ou Sous-lieutenant, trois rations, ci	3.

COMPAGNIES DE DRAGONS.

A chaque Capitaine, six rations, ci	6.
A chaque Lieutenant, quatre rations, ci	4.
A chaque Cornette, trois rations, ci	3.
A chaque Maréchal-des-logis, deux rations, ci	2.

ÉTAT-MAJOR.

A chaque Colonel, sans compagnie, dix-huit rations, ci . .	18.
A chaque Lieutenant-colonel, sans compagnie, dix rations, ci	10.
A chaque Commandant de l'Infanterie, ayant compagnie, deux rations, ci	2.
A chaque Major, six rations, ci	6.
A chaque Aide-major d'Infanterie, quatre rations, ci. . .	4.
A chaque Aide-major de Dragons, quatre rations, ci . .	4.
A chaque Aumônier & Chirurgien, deux rations, ci . .	2.

OFFICIERS RÉFORMÉS.

Au sieur de Romé, Lieutenant-colonel réformé, huit rations, ci	8.
A chaque Capitaine réformé, quatre rations, ci	4.

LÉGION-ROYALE. Compagnies de Grenadiers.

A chaque Capitaine en pied, six rations, ci.	6.
A chaque Lieutenant, trois rations, ci	3.

A chaque

	rations.	
A chaque Lieutenant en fecond, trois rations, ci	3.	
A chaque Capitaine titulaire, fix rations, ci	6.	*Compagnies mêlées d'Infanterie, de Cavalerie ou de Dragons.*
A chaque Capitaine en fecond, quatre rations, ci. . . .	4.	*Pour la partie de l'Infanterie.*
A chaque Lieutenant & Lieutenant en fecond ou Enfeigne, trois rations, ci	3.	
A chaque Capitaine en fecond, quatre rations, ci. . . .	4.	*Pour la partie de la Cavalerie & Dragons.*
A chaque Lieutenant & Lieutenant en fecond, trois rations, ci.	3.	
A chaque Maréchal-des-logis, deux rations, ci.	2.	
A chaque Capitaine en pied, fix rations, ci.	6.	*Compagnies d'Hussards.*
A chaque Lieutenant en premier, quatre rations, ci. . .	4.	
A chaque fecond Lieutenant & Cornette, trois rations, ci	3.	
A chaque Maréchal-des-logis, deux rations, ci	2.	
Au Capitaine, quatre rations, ci	4.	*Compagnies d'Ouvriers.*
A chaque Lieutenant, Lieutenant en fecond & Sous-lieutenant, trois rations, ci	3.	
Au Colonel commandant, fans compagnie, dix-huit rations, ci	18.	*État-major.*
Au Colonel commandant en fecond, fans compagnie, quatorze rations, ci	14.	
Au Lieutenant-colonel, avec compagnie, quatre rations, ci	4.	
Au Major, fix rations, ci	6.	
A chaque Aide-Major d'Infanterie ou de Dragons, quatre rations, ci	4.	
A l'Aumônier, deux rations, ci	2.	
A chaque Chirurgien-major & Chirurgien Aide-major, deux rations, ci.	2.	
Au Prevôt, trois rations, ci.	3.	

ROYAL-CANTABRES.

A chaque Capitaine de Grenadiers & de Fufiliers, fix rations, ci.	6.	*Compagnies de Grenadiers & de Fufiliers.*

		rations.
	A chaque Capitaine en ſecond, quatre rations, ci. . . .	4.
	A chaque Lieutenant ou Lieutenant en ſecond, trois rations, ci.	3.
État-major.	Au Colonel-lieutenant, ſans compagnie, dix-huit rations, ci.	18.
	Au Lieutenant-colonel, auſſi ſans compagnie, dix rations, ci.	10.
	Au Major, ſix rations.	6.
	A l'Aide-major, quatre rations, ci	4.
	A l'Aumônier & au Chirurgien, chacun deux rations, ci..	2.

CORPS DE FISCHER.

Compagnies d'Infanterie.	A chaque Capitaine en ſecond, cinq rations, ci. . . .	5.
	A chaque premier & ſecond Lieutenant, & Sous-lieutenant, trois rations, ci	3.
Compagnies de Cavalerie.	A chaque premier Capitaine en ſecond, cinq rations, ci. ..	5.
	A chaque ſecond Capitaine en ſecond & premier Lieutenant, quatre rations, ci.	4.
	A chaque ſecond Lieutenant, trois rations, ci.	3.
	A chaque Maréchal-des-logis, deux rations, ci. . . .	2.
État-major.	Au Commandant du Corps, & comme Capitaine de toutes les compagnies, dix-huit rations, ci.	18.
	Au Lieutenant-colonel, ſans compagnie, dix rations, ci. ..	10.
	Au Major, ſix rations, ci.	6.
	A chaque Aide-major d'Infanterie ou de Cavalerie, quatre rations, ci.	4.
	A chacun des Aumônier & Chirurgien, deux rations, ci...	2.
	Au Prevôt, trois rations, ci.	3.

FUSILIERS DE MONTAGNE.

A chaque Capitaine en premier, ſix rations, ci.	6.
A chaque Capitaine en ſecond, quatre rations, ci. . . .	4.
A chaque Lieutenant, trois rations, ci.	3.
Au Commandant, ſans compagnie, dix-huit rations, ci...	18.
A l'Aide-major, quatre rations, ci.	4.

COMPAGNIE DE FUSILIERS-GUIDES.

Au Capitaine, ſix rations, ci.	6.

rations.

A chaque Lieutenant ou Sous-lieutenant, quatre rations, ci. . 4.

COMPAGNIE FRANCHE DES VOLONTAIRES DE CAMBEFORT.

Au Capitaine titulaire, six rations, ci. . . . . 6.

Au Capitaine en second d'Infanterie, quatre rations, ci. . . 4.

A chaque Lieutenant ou Sous-lieutenant d'Infanterie, trois rations, ci . . . . 3.

Au Lieutenant & au Sous-lieutenant de Dragons, chacun quatre rations, ci. . . . . 4.

A chaque Maréchal-des-logis, deux rations, ci. . . . . 2.

A l'égard des Sergens, Cadets, Fourriers, Capitaines d'armes, Caporaux, Anspessades, Canonniers, Charpentiers, Ouvriers, Grenadiers, Fusiliers, Tambours, Tambourins, Brigadiers, Cavaliers, Hussards, Dragons, Guides, Trompettes & Timbaliers, il leur sera fourni, lorsque les Corps serviront aussi en campagne, savoir, deux rations de pain de munition par jour à chaque Sergent, & aux Brigadiers du corps des Fusiliers de Montagne, & une ration à chacun des autres, même aux surnuméraires qui servent à pied dans le corps de Chasseurs de Fischer ; mais il leur sera retenu alors deux sols pour chaque ration sur leur solde.

SUISSES & GRISONS. Compagnies. Retenue pour le pain.

Chacune des compagnies des régimens Suisses & Grisons, qui serviront en campagne, composée de cent vingt hommes, y compris les Officiers, recevra cent vingt rations de pain par jour, & il sera retenu sur la solde deux sols pour chaque ration qui lui sera fournie, suivant les revûes des Commissaires des guerres, ci. . . 120.

RÉGIMENS d'INFANTERIE ALLEMANDE.

LES Officiers des régimens d'Infanterie Allemande d'Alsace, d'Anhalt, la Marck, Royal-Suédois, Royal-Bavière, de Nassau & Royal-Deux-Ponts, recevront, en conséquence de leur nouvelle capitulation, la fourniture du pain de munition *gratis*, sur le pied ci-après, savoir;

COMPAGNIE DE GRENADIERS ET DE FUSILIERS.

A chaque Capitaine, six rations, ci . . . . 6.

A chaque Capitaine-lieutenant,* cinq rations, ci . . . . . 5.

rations.

A chaque Lieutenant, quatre rations, ci . . . . 4.

A chaque Sous-lieutenant & Enſeigne, trois rations, ci. . . 3.

ÉTAT-MAJOR.

Au Colonel en ſecond du régiment d'Alſace, & au Colonel en ſecond du régiment Royal-Deux-Ponts, chacun douze rations, indépendamment de celles qu'ils recevront comme Capitaine, ci . . . . 12.

Au Colonel de chacun des autres régimens, *idem*, ci . . 12.

A chaque Colonel-commandant deſdits régimens, huit rations, indépendamment de celles qu'il recevra comme Capitaine, ci . . . . 8.

A chaque Lieutenant-colonel, quatre rations, indépendamment de celles qu'il recevra comme Capitaine, ci. 4.

A chaque Commandant de bataillon, deux rations, indépendamment de celles qu'il recevra comme Capitaine, ci . . . . 2.

A chaque Major, ſix rations, ci . . . . 6.

A chaque Aide-major, quatre rations, ci . . . . 4.

A chaque Sous-aide-major, trois rations, ci . . . . 3.

A chaque Aumônier & Chirurgien, deux rations, ci . . . 2.

OFFICIERS RÉFORMÉS.

Les Officiers réformés, qui ſerviront en campagne, recevront du pain de munition ſur le pied par jour, ſavoir ;

A chaque Colonel & Lieutenant-colonel, ſix rations, ci . 6.

A chaque Commandant de bataillon, cinq rations, ci . . 5.

A chaque Capitaine, quatre rations, ci . . . . 4.

A chaque Lieutenant, deux rations, ci . . . . 2.

Il ſera auſſi fourni à chacun des hommes dont chaque compagnie ſe trouvera compoſée, ſuivant les revûes des Commiſſaires des guerres, une ration de pain de munition par jour, pour laquelle il leur ſera retenu deux ſols ſur leur ſolde.

Le Capitaine, le Lieutenant, le Sous-lieutenant, les quatre Sergens & les huit Caporaux attachés à chacun de de ces régimens pour le travail des recrues, ne doivent point participer à cette fourniture.

rations.

Régimens de Bouillon, de Vierzet & d'Horion.

Chacune des compagnies du régiment étranger de Bouillon, & des régimens d'Infanterie liégeoise de Vierzet & d'Horion, composée de quatre-vingt-cinq hommes, non compris les Officiers, recevra le pain de munition, en servant en campagne, sur le pied de quatre-vingt-cinq rations par jour (les Officiers n'en devant point avoir), dont la retenue sera faite sur la solde, à raison de deux sols pour chaque ration qui sera fournie aux compagnies, suivant les revûes des Commissaires des guerres, ci. . . . . 85.

Retenue pour le pain.

GENDARMERIE.

Gardes-du-corps du Roi.

Les Cornettes des quatre compagnies des Gardes-du-corps de Sa Majesté, auront le pain de munition, en servant en campagne, sur le pied par jour, savoir;

A chaque Lieutenant & Enseigne, six rations, ci. . . . . 6.

A chaque Exempt & Aide-major qui auront rang d'Enseigne, pareille quantité de six rations, ci. . . . . 6.

A chaque Exempt, Aide-major & Sous-aide-major, quatre rations, ci. . . . . 4.

A chacun des quatre Aumôniers, deux rations, ci . . . . 2.

A chaque Brigadier, Sous-brigadier, Garde-du-corps, Trompette, Timbalier & Chirurgien, une ration, ci. . . 1.

Gendarmes & Chevaux-légers de la Garde du Roi.

La Cornette de la compagnie des Gendarmes & celle de la compagnie des Chevaux-légers de la garde de Sa Majesté, auront du pain de munition, en servant en campagne, sur le pied par jour, savoir;

A chaque Capitaine-lieutenant, douze rations, ci. . . . . 12.

A chaque Sous-lieutenant, six rations, ci. . . . . 6.

A chaque Enseigne, Guidon & Cornette, trois rations, ci. . . . . 3.

A chaque Aide-major, Maréchal-des-logis & Aumônier, deux rations, ci . . . . 2.

A chaque Brigadier, Sous-brigadier, Porte-étendard, Sous-aide-major, Gendarme, Chevau-leger, Trompette,

rations.

Timbalier, Chirurgien, Apothicaire, Fourrier, Sellier & Maréchal-ferrant, une ration, ci . . . . 1.

Mousquetaires de la Garde du Roi.

Les détachemens des deux compagnies de Mousquetaires de la garde de Sa Majesté, auront le pain de munition, en servant en campagne, sur le pied par jour, savoir;

A chaque Sous-lieutenant, Enseigne & Cornette, six rations, ci . . . . 6.

A chaque Maréchal-des-logis, dont deux font les fonctions d'Aide-major, deux rations, ci . . . . 2.

A chaque Aumônier, deux rations, ci . . . . 2.

A chaque Brigadier, Sous-brigadier, dont deux font les fonctions de Sous-aide-major, Porte-étendard, Mousquetaire, Tambour, Chirurgien, Apothicaire, Fourrier, Sellier & Maréchal-ferrant, une ration, ci . . . . 1.

Grenadiers à Cheval.

La compagnie des Grenadiers à cheval de Sa Majesté, recevra le pain de munition, en servant en campagne, sur le pied par jour, savoir;

Au Capitaine-lieutenant, six rations, ci . . . . 6.

A chaque Lieutenant, quatre rations, ci . . . . 4.

A chaque Sous-lieutenant, trois rations, ci . . . . 3.

A chaque Maréchal-des-logis & à l'Aumônier, deux rations, ci . . . . 2.

A chaque Sergent, Brigadier, Sous-brigadier, Appointé, Porte-étendard, Grenadier à cheval & Tambour, une ration, ci . . . . 1.

Gendarmerie. Compagnies de Gendarmes & de Chevaux-légers.

Les dix compagnies de Gendarmes, & les six compagnies de Chevaux-légers de la Gendarmerie, recevront le pain de munition, en servant en campagne, sur le pied par jour, savoir;

A chaque Capitaine-lieutenant, dix rations, ci . . . . 10.

A chaque Sous-lieutenant, quatre rations, ci . . . . . . 4.

A chaque Enseigne, Guidon & Cornette, trois rations, ci . . . . 3.

A chaque Maréchal-des-logis, deux rations, ci . . . . . 2.

A chaque Brigadier, Sous-brigadier, Porte-étendard,

rations.

Gendarme, Chevau-léger, Trompette, & à chacun des huit Timbaliers de ladite Gendarmerie, une ration, ci... 1.

Au Major, douze rations, ci . . . . 12.

État-major de la Gendarmerie.

A l'Aide-major, huit rations, ci . . . . 8.

A chacun des deux Sous-aides-major, six rations, ci . . 6.

A chacun des deux Aumôniers de ladite Gendarmerie, deux rations, ci . . . . 2.

CAVALERIE FRANÇOISE ET ÉTRANGÈRE, CARABINIERS, HUSSARDS & DRAGONS.

CAVALERIE, HUSSARDS & DRAGONS.

Les compagnies des régimens de Cavalerie françoise, des Carabiniers de M. le Comte de Provence, de la Cavalerie étrangère, de Hussards & de Dragons, qui serviront en campagne, recevront le pain de munition sur le pied par jour, savoir;

Compagnies.

A chaque Capitaine en pied & à chaque Capitaine réformé en 1748 & 1749, qui a eu troupe, six rations, ci . . . 6.

A chaque Lieutenant & au Sous-lieutenant en charge qui est en chacune des compagnies Colonelle des régimens du Colonel-général de la Cavalerie & du Colonel-général des Dragons, quatre rations, ci . . . . 4.

A chaque Lieutenant en second des régimens d'Hussards & du régiment de Royal-Nassau de Cavalerie allemande, trois rations, ci . . . . 3.

A chaque Cornette, trois rations, ci . . . . 3.

A chaque Maréchal-des-logis, deux rations, ci . . . . . 2.

A chaque Fourrier, Brigadier, Cavalier, Carabinier, Volontaire, Hussard, Dragon, Trompette, Timbalier & Tambour, une ration, ci . . . . 1.

États-majors de la Cavalerie, des Hussards & des Dragons.

Les Officiers des États-majors desdits régimens de Cavalerie & de Dragons, qui serviront en campagne, recevront le pain de munition sur le pied par jour, savoir;

A chaque Mestre-de-camp de Cavalerie & de Dragons, & Mestre-de-camp-lieutenant de chaque brigade du régiment des Carabiniers, auxquels Sa Majesté a conservé les compagnies, douze rations, indépendamment de celles qu'ils reçoivent comme Capitaine, ci . . . . . 12.

rations.

A chaque Lieutenant-colonel, auquel Sa Majesté a pareillement conservé sa compagnie, quatre rations, outre celles qui lui sont attribuées comme Capitaine, ci . . . 4.

A chaque Mestre-de-camp de Cavalerie & de Dragons, sans compagnie, dix-huit rations, ci . . . . 18.

A chaque Mestre-de-camp en second des régimens de Wirtemberg & d'Orléans Dragons, quatorze rations, ci . . . . 14.

Au Mestre-de-camp-lieutenant du régiment des Carabiniers, vingt-quatre rations, indépendamment des six rations qu'il recevra comme Capitaine, ci . . . . 24.

Au Major du même régiment, ayant rang de Mestre-de-camp, douze rations, ci . . . . 12.

A l'Aide-major du même régiment, huit rations, ci . . . 8.

A chaque Lieutenant-colonel, aussi sans compagnie, dix rations, ci . . . . 10.

Au Lieutenant-colonel en second, qui est entretenu en chacun des régimens d'Hussards, huit rations, ci . . . . 8.

Au Major du régiment de Wirtemberg, huit rations, ci . . 8.

A chaque Major, dont deux dans Royal-Allemand, six rations, ci . . . . 6.

A chaque Aide-major des Carabiniers, six rations, ci . . 6.

A chaque Aide-major de Cavalerie, Hussards & Dragons, & Sous-aide-major de Carabiniers, quatre rations, ci . . 4.

A chaque second Aide-major des régimens d'Hussards & de Dragons, quatre rations, ci . . . . 4.

A chaque Aumônier & Chirurgien dans la Cavalerie, les Hussards & Cavalerie légère, & à l'Aumônier seulement dans les Dragons, deux rations, ci . . . . 2.

Royal-Allemand. Dans le régiment de Royal-Allemand, deux rations au Maréchal-des-logis de l'État-major, ci . . . . 2.

Prevôté. Au Prevôt dudit régiment, quatre rations, ci . . . . . . 4.

A son Lieutenant, trois rations, ci . . . . 3.

Au Greffier, deux rations, ci . . . . 2.

A chacun des quatre Archers & à l'Exécuteur de Justice, une ration, ci . . . . 1.

Pour les femmes & enfans dudit régiment Royal-Allemand, la quantité de soixante rations de pain par jour, ci . . . 60.

Dans

rations.

Dans le régiment de Wirtemberg, quatre rations par jour à l'Auditeur, ci . . . . 4. *WIRTEMBERG. Prevôté.*

Au Greffier, deux rations, ci . . . . 2.

A chacun des trois Archers & à l'Exécuteur de Justice, une ration, ci . . . . 1.

Au Prevôt du régiment Royal-Nassau, trois rations, ci . . . . 3. *ROYAL-NASSAU de CAVALERIE LÉGÈRE ALLEMANDE. Prevôté.*

Les Officiers du régiment des Volontaires de Schomberg, auront la fourniture de pain de munition *gratis*, lorsque ce régiment servira en campagne; elle leur sera faite sur le pied par jour, savoir; *VOLONTAIRES de SCHOMBERG.*

A chaque Capitaine chef de brigade, six rations, ci . . . 6. *Brigades.*

A chaque Capitaine en second, quatre rations, ci . . . . 4.

A chaque Lieutenant en premier, Lieutenant en second & Cornette, trois rations, ci . . . . 3.

A chaque Maréchal-des-logis, deux rations, ci . . . . . . 2.

Au Mestre-de-camp, qui ne doit point avoir de brigade, dix-huit rations, ci . . . . 18. *État-major.*

Au Lieutenant-colonel, qui a une brigade, quatre rations, ci. 4.

Au Major, six rations, ci . . . . 6.

A l'Aide-major, quatre rations, ci . . . . 4.

Et à chacun des dix-sept petits Officiers, une ration, ci . . 1.

A l'égard des Brigadiers, Sous-Brigadiers, Fourriers, Volontaires & Trompettes, il leur sera fourni à chacun une ration de pain de munition par jour, lorsque le régiment sera en campagne; mais il leur sera retenu deux sols pour chaque ration sur leur solde.

LES Officiers des deux corps de Chasseurs à pied, attachés aux régimens d'Hussards de Berchény & de Turpin, auront la fourniture du pain de munition *gratis*, lorsque ces deux corps serviront en campagne; elle leur sera faite sur le pied par jour, savoir; *CHASSEURS À PIED, attachés aux régimens Hussards.*

rations.

A chaque Capitaine de Grenadiers ou de Fusiliers, six rations, ci . . . . 6.

rations

A chaque Lieutenant, quatre rations, ci . . . . 4.

A chaque Sous-lieutenant, trois rations, ci . . . . 3.

Au Lieutenant-colonel, sans compagnie, dix rations, ci. . . . . 10.

A l'Aide-major, quatre rations, ci . . . . 4.

A l'égard des Sergens, Caporaux, Anspessades, Grenadiers, Fusiliers & Tambours, il leur sera fourni, lorsque ces Corps serviront en campagne, savoir, deux rations à chaque Sergent, & une ration à chacun des autres; mais il leur sera retenu deux sols sur leur solde pour chaque ration.

Officiers réformés de Cavalerie.

Les Officiers réformés, avec appointemens, à la suite des régimens de Cavalerie Françoise & Étrangère, de Hussards & de Dragons, auront du pain de munition, en servant en campagne, sur le pied par jour, savoir;

A chaque Mestre-de-camp & à chaque Lieutenant-colonel, six rations, ci . . . . 6.

A chaque Capitaine, quatre rations, ci . . . . 4.

A chaque Lieutenant, deux rations, ci . . . . 2.

L'intention de Sa Majesté est que la fourniture du pain de munition soit faite à ses troupes d'Infanterie, à celles de sa Maison, à la Gendarmerie, à la Cavalerie françoise & étrangère, Carabiniers, Hussards & Dragons, pendant qu'elles serviront en campagne, conformément au règlement ci-dessus, & sur les états particuliers que Sa Majesté en fera expédier; en observant que ladite fourniture de pain ne doit être faite que pour le nombre d'hommes présens & effectifs aux revûes des Commissaires des guerres préposés à cet effet.

XII.

VIANDE.

La viande sera fournie sur le pied d'une demi-livre par jour, même les 31 des mois de Mai, Juillet, Août

& Octobre, à l'exception des vendredis, aux Sergens, Soldats & Tambours de l'Infanterie françoise, des régimens de Grenadiers-royaux & des bataillons de Milice, qui camperont, sans aucune retenue, sur la solde de campagne.

Elle sera fournie aux Sergens & Soldats des régimens d'Infanterie Allemande, d'Alsace, d'Anhalt, la Marck, Royal-Suédois, Royal-Bavière, Nassau & Royal-Deux-Ponts, lorsqu'ils serviront en campagne, & aux bataillons de Milice employés pour les communications; mais il sera retenu sur leur solde deux sols pour chaque livre de viande.

Elle sera pareillement fournie aux Sergens & Soldats des régimens de Bouillon, de Vierzet & d'Horion, des régimens d'Infanterie Italienne, Irlandoise & Écossoise; mais il leur sera retenu sur leur solde, pour chaque livre de viande, deux sols onze deniers.

Dans le cas où les régimens Suisses & Grisons serviront en campagne, ils recevront la fourniture de la viande, sur le même pied d'une demi-livre pour chaque homme, & la retenue leur en sera faite à raison de deux sols onze deniers la livre; entendant Sa Majesté que cette fourniture n'ait lieu, pour chaque compagnie, que sur le pied de cent quinze hommes, les Officiers n'en devant point avoir.

La viande sera pareillement fournie aux Brigadiers, Cavaliers, Carabiniers, Hussards, Dragons, Timbaliers, Trompettes & Tambours, & il sera retenu pour chaque livre de viande, trois sols cinq deniers sur leur solde.

Sa Majesté veut bien aussi permettre aux régimens & corps des Troupes légères, y compris les Volontaires de Schomberg & les deux corps de Chasseurs à pied, de prendre de la viande dans le cas où ils serviront en campagne; & son intention est qu'il soit retenu deux sols pour chaque livre de viande à l'Infanterie, & trois sols cinq deniers à la Cavalerie, Hussards, Dragons & Volontaires, aussi pour chaque livre de viande.

XIII.

PAYEMENT de l'ustensile pendant la campagne.

SA MAJESTÉ ayant réglé par l'ordonnance de solde d'hiver, l'ustensile qu'Elle accorde à ses Troupes en temps de guerre, & la portion dudit ustensile qui doit être distribuée par mois pendant la campagne, aux Officiers desdites troupes qui auront participé à l'ustensile du quartier d'hiver dernier; son intention est qu'il leur soit payé pendant chacun des mois de Mai, Juin, Juillet, Août, Septembre & Octobre de la campagne, savoir; à ceux qui auront eu l'ustensile entier, les sommes portées ci-après, & seulement moitié desdites sommes à ceux qui n'auront eu que le demi-ustensile, ceux qui n'auront point participé à l'ustensile du quartier d'hiver dernier ne devant point avoir part à cette distribution.

INFANTERIE FRANÇOISE.

A chaque Colonel, Lieutenant-colonel, Commandant de bataillon, Major, Capitaine de Grenadiers & Capitaine de Fusiliers, vingt-cinq livres, ci . . . 25.[l] 0.[s]

A chaque Colonel ayant compagnie, comme Capitaine seulement, vingt-cinq livres, ci . . . . 25.

A chaque Lieutenant, tant de Grenadiers que Fusiliers, & Aide-major, quinze livres, ci . . . . 15.

A chaque Sous-lieutenant & Enseigne, dix livres, ci. . 10.

CORPS DES GRENADIERS DE FRANCE.

A l'Inspecteur-commandant, & au Commandant en second, vingt-cinq livres, ci . . . . 25.[l] 0.[s]

A chaque Colonel, Lieutenant-colonel & Major attachés au corps, vingt-cinq livres, ci . . . . . . 25.

A chaque Capitaine, vingt-cinq livres, ci . . . . 25.

A chaque Lieutenant & Aide-major, quinze livres, ci 15.

A chaque Lieutenant en second & Sous-aide-major, dix livres, ci. . . . . 10.

CORPS ROYAL DE L'ARTILLERIE.

COMPAGNIES D'OUVRIERS & DE MINEURS.

A chaque Chef de brigade, Colonel, Lieutenant-colonel & Major, vingt-cinq livres, ci 25.l 0.f

A chaque Capitaine en pied, cinquante livres, ci. . 50.

A chaque Capitaine en ſecond, vingt-cinq livres, ci 25.

A chaque premier Lieutenant, Lieutenant en ſecond, Lieutenant en troiſième & Aide-major, quinze livres, ci . . . . 15.

A chaque Sous-aide-major & Garçon-major, cinq livres, ci. . . . . 5.

INFANTERIE IRLANDOISE ET ÉCOSSOISE.

A chaque Colonel, Colonel en ſecond, Lieutenant-colonel, Major, Capitaine & Capitaine en ſecond, tant de Grenadiers que de Fuſiliers, vingt-cinq livres, ci 25.l 0.f

A chaque Lieutenant, tant de Grenadiers que de Fuſiliers, & Aide-major, quinze livres, ci . . . . 15.

A chaque Lieutenant en ſecond, tant de Grenadiers que de Fuſiliers, dix livres, ci . . . . 10.

A chaque Enſeigne, dix livres, ci . . . . 10.

ROYAL-ITALIEN ET ROYAL-CORSE.

A chaque Colonel & Colonel commandant, ſans compagnie, Lieutenant-colonel, Major, Capitaine de Grenadiers, Capitaine & Capitaine en ſecond de Fuſiliers, vingt-cinq livres, ci 25.l 0.f

A chaque Colonel commandant, ayant compagnie, comme Capitaine ſeulement, vingt-cinq livres, ci . 25.

A chaque Lieutenant de Grenadiers & de Fuſiliers, quinze livres, ci. . . . . 15.

A chaque Lieutenant en ſecond de Grenadiers & de Fuſiliers, dix livres, ci . . . . 10.

A chaque Aide-major, quinze livres, ci . . . . . . 15.

Officiers réformés d'Infanterie.

A chaque Colonel & Lieutenant-colonel, vingt-cinq livres, ci 25.l 0.f

A chaque Capitaine, quinze livres, ci . . . . 15.

A chaque Lieutenant, cinq livres, ci . . . . 5.

GENDARMERIE.

Compagnies de Chevaux-légers.

A chaque Capitaine-lieutenant, pour deux places d'uftenfile, trente livres, ci 30.l 0.f

A chaque Sous-lieutenant & Cornette, pour une place, quinze livres, ci . . . . 15.

A chaque Maréchal-des-logis, tant des compagnies de Gendarmes que de Chevaux-légers, pour une demi-place, fept livres dix fols, ci . . . . 7. 10.

Carabiniers.

Au Meftre-de-camp-lieutenant, pour deux places, trente livres, ci 30.l 0.f

Au Major, pour deux places, trente livres, ci . . . 30.

A chaque Meftre-de-camp commandant une brigade comme Capitaine feulement, pour deux places, trente livres, ci . . . . 30.

A chaque Lieutenant-colonel, comme Capitaine feulement, pour deux places, trente livres, ci. . . . 30.

A chaque Capitaine, pour deux places, trente livres, ci . 30.

A chaque Lieutenant, Cornette, Aide-major & Sous-aide-major, pour une place, quinze livres, ci . . 15.

A chaque Maréchal-des-logis, pour une demi-place, fept livres dix fols . . . . 7. 10.

Cavalerie.

A chaque Meftre-de-camp & Lieutenant-colonel, fans compagnie, pour deux places, trente livres, ci. . 30.l 0.f

A chaque Capitaine & Major, pour deux places, trente livres, ci. . . . . 30.

A chaque Lieutenant, Cornette & Aide-major, pour une place, quinze livres, ci 15.l 0.f

A chaque Maréchal-des-logis, pour une demi-place, sept livres dix sols, ci. . . . . 7. 10.

Régiment Royal-Allemand.

Au Mestre-de-camp, comme Capitaine seulement, trente livres, ci 30.l 0.f

A chacun des Lieutenant-colonel, comme Capitaine seulement, & des deux Majors, trente livres, ci . . 30.

A chaque Capitaine, trente livres, ci. . . . . 30.

A chaque Lieutenant & Cornette, quinze livres, ci. 15.

A chaque Maréchal-des-logis, sept livres dix sols, ci. 7. 10.

A chacun des deux Aides-majors, quinze livres, ci. 15.

Au Maréchal-des-logis, de l'État-major & au Prevôt, chacun quinze livres, ci. . . . . 15.

Au Lieutenant de Prevôt, au Greffier & à chacun des quatre Archers & à l'Exécuteur de justice, sept livres dix sols, ci . . . . 7. 10.

Régimens de Wirtemberg & de Nassau-Saarbruck.

A chaque Mestre-de-camp & Lieutenant-colonel, comme Capitaine seulement, trente livres, ci. . 30.l 0.f

A chaque Capitaine & Major, trente livres, ci. . . 30.

A chaque Lieutenant, Cornette & Aide-major, quinze livres, ci. . . . . 15.

A chaque Maréchal-des-logis, sept livres dix sols, ci. 7. 10.

Au Mestre-de-camp en second du régiment de Wirtemberg, trente livres, ci. . . . . 30.

Régiment de Cavalerie Liégeoise de Raugrave.

A chacun des Mestre-de-camp, Lieutenant-colonel & Major, trente livres, ci. 30.l 0.f

A chaque Capitaine, trente livres, ci. . . . . 30.

A chaque Lieutenant & Cornette, & à l'Aide-major, quinze livres, ci 15.l 0.f

A chaque Maréchal-des-logis, sept livres dix sols, ci. 7. 10.

HUSSARDS.

A chaque Mestre-de-camp, Lieutenant-colonel en pied, Lieutenant-colonel incorporé & Major, trente livres, ci 30.l 0.f

A chaque Capitaine, trente livres, ci . . . . 30.

A chaque premier Lieutenant, second Lieutenant, Cornette & Aide-major, quinze livres, ci . . . . 15.

A chaque Maréchal-des-logis, sept livres dix sols, ci. 7. 10.

DRAGONS.

A chaque Mestre-de-camp, Lieutenant-colonel & Major, trente livres, ci 30.l 0.f

A chaque Capitaine, trente livres, ci. . . . . 30.

A chaque Lieutenant, Cornette & Aide-major, quinze livres, ci . . . . 15. 0.

A chaque Maréchal-des-logis, sept livres dix sols, ci. 7. 10.

Au Mestre-de-camp, Lieutenant en second du régiment de Dragons d'Orléans, trente livres, ci . . 30.

RÉGIMENT ROYAL-NASSAU.

A chacun des Mestre-de-camp, Lieutenant-colonel & Major, trente livres, ci. 30.l

A chaque Capitaine & au Capitaine en second, trente livres, ci. . . . . 30.

A chaque Lieutenant en premier, Lieutenant en second & Cornette, quinze livres, ci. . . . . . 15.

A chaque Maréchal-des-logis, sept livres dix sols, ci. 7. 10.

A chacun des Aide-major & au Prevôt, quinze livres, ci. . . . . 15.

OFFICIERS RÉFORMÉS DE CAVALERIE, HUSSARDS ET DRAGONS.

A chaque Mestre-de-camp, Lieutenant-colonel & Capitaine, trente livres, ci. 30.l 0.f

A chaque Lieutenant, quinze livres, ci. . . . . . . 15.

Les

Les Officiers des Troupes légères, continueront de recevoir l'ustensile qui leur sera réglé pendant les cinq mois d'hiver, comme par le passé.

Écu de campagne.

Et pour les deux sols de retenue par jour pendant les cent cinquante jours du quartier d'hiver, sur la place d'ustensile de chaque Gendarme & Chevau-léger de la Gendarmerie, & de chaque Carabinier, Cavalier, Hussard & Dragon, faisant la somme de quinze livres, Sa Majesté ordonne qu'elle soit distribuée manuellement par le Major ou Aide-major de la Gendarmerie & de chaque régiment, aux Gendarmes, Chevaux-légers, Carabiniers, Cavaliers, Hussards & Dragons, sur le pied d'un écu de soixante sols, parchacun des mois de Juin, Juillet, Août, Septembre & Octobre, même à ceux des régimens qui ayant reçû le quartier d'hiver, resteroient dans les garnisons pendant la campagne; sans que lesdits Officiers-majors puissent s'en dispenser pour quelque raison que ce soit, à peine d'être privés de leurs charges: au moyen de quoi, lesdits Carabiniers, Cavaliers, Hussards & Dragons seront obligés de s'entretenir de linge, culotte, de bas & de souliers, & d'entretenir leurs chevaux de ferrage, de tenir leurs armes nettes, & d'y faire les menues réparations, en sorte qu'elles soient en bon état: Entend Sa Majesté que si ces armes venoient à être en un état à ne pouvoir plus servir, sans que ce soit par la faute du Cavalier ou du Dragon, qu'il soit nécessaire de les changer, le Capitaine en fasse la dépense; & qu'au surplus chaque Capitaine entretienne chaque Carabinier, Cavalier, Hussard & Dragon, de cheval, housse, selle, harnois, bride, habillement, manteau, chapeau, bottes & armes.

MANDE & ordonne Sa Majesté aux Généraux commandant ses armées, aux Officiers généraux ayant commandement sur ses troupes, aux Gouverneurs & Lieutenans généraux dans ses provinces, aux Gouverneurs & Commandans de ses villes & places, aux Inspecteurs généraux de ſes troupes, aux Intendans de ſes armées, dans ſes provinces & ſur ſes frontières, aux Commiſſaires des guerres, & à tous autres ſes Officiers qu'il appartiendra, de tenir la main à l'exécution de la préſente. FAIT à Verſailles le premier juin mil ſept cent ſoixante. *Signé* LOUIS. *Et plus bas,* LE M.AL DUC DE BELLE-ISLE.

www.ingramcontent.com/pod-product-compliance
Ingram Content Group UK Ltd.
Pitfield, Milton Keynes, MK11 3LW, UK
UKHW021116260726
13994UKWH00002B/913